T0267591

ligereza

ligereza

deja atrás el pasado, conecta con
el presente y expande el futuro

yung pueblo

traducción

estela peña molatore

Grijalbo

El papel utilizado para la impresión de este libro ha sido fabricado a partir de madera
procedente de bosques y plantaciones gestionadas con los más altos estándares ambientales,
garantizando una explotación de los recursos sostenible con el medio ambiente y beneficiosa para las personas.

ligereza
deja atrás el pasado, conecta con el presente y expande el futuro

Título original: *Lighter: let Go of the Past, Connect with the Present,
and Expand the Future*

Primera edición: enero, 2023

D. R. © 2022, Diego Perez Lacera, mediante acuerdo con Agencia Literaria Carmen Balcells S. A.

Esta edición es publicada por acuerdo con Harmony Books,
un sello de Random House, una división de Penguin Random House LLC

D. R. © 2023, derechos de edición mundiales en lengua castellana:
Penguin Random House Grupo Editorial, S. A. de C. V.
Blvd. Miguel de Cervantes Saavedra núm. 301, 1er piso,
colonia Granada, alcaldía Miguel Hidalgo, C. P. 11520,
Ciudad de México

penguinlibros.com

D. R. © 2022, Estela Peña Molatore, por la traducción

ISBN: 978-607-382-551-1

Impreso en México – *Printed in Mexico*

Índice

elige el camino que te ilumina
el que sabes en el fondo que es la opción correcta
deja de escuchar las dudas
empieza a conectar con el valor
no dejes que la idea de la normalidad se interponga en el camino
puede que el camino no sea fácil
pero sabes que las grandes cosas requieren esfuerzo
apóyate en tu determinación
apóyate en tu misión
apóyate en tu verdadero yo

aquellos que han experimentado un profundo sufrimiento
y siguen siendo amables con los demás
no reciben el suficiente reconocimiento
no permitas que las cosas difíciles
que te han ocurrido le ganen al trabajo heroico
de apartar la amargura
pues seguir viviendo con el corazón abierto
a pesar de todo
es un gran regalo para el mundo

mi historia

Mientras yacía en el suelo, llorando lágrimas de miedo y arrepentimiento, mi mente adquirió una agudeza que, por primera vez, me permitió ver hasta qué punto me había desviado de mi potencial, cómo había permitido que las drogas me impidieran afrontar mi tristeza interior.

De forma irreflexiva, sometí a mi cuerpo y a mi mente a excesos peligrosos hasta que llegué demasiado lejos. Fue durante el verano de 2011, después de otra noche en la que me enfoqué ciegamente en la búsqueda de la evasión y el placer, cuando me encontré en el suelo, pensando que mi corazón iba a explotar. Tenía veintitrés años y estaba convencido de que me estaba dando un ataque al corazón. Tenía miedo de morirme y me avergonzaba de haber llegado a ese punto.

Mi mente se remontó a mis años de adolescencia, cuando trabajaba como activista y organizador del Proyecto de Organización de la Juventud de Boston (BYOP, por sus siglas en inglés). Recordé lo enriquecedor que fue formar parte de un grupo que ayudaba a otros a reivindicar su poder y a lograr un cambio real. ¿Cómo había perdido mi camino?

Al principio, pensaba que solo me estaba divirtiendo y que tenía el control. Pero ahora podía ver que la fiesta se había convertido en una forma de evitar pasar tiempo conmigo mismo. Usé y abusé de las drogas para adormecer el dolor y esconderme. Había tristeza y ansiedad en mi interior que pedían a gritos mi atención, pero lo único que podía hacer era apartarme de ellas. Y mi afán por alejar mi atención de mis emociones se erigió como un muro que me impedía considerar el impacto a largo plazo que las drogas tendrían en mi bienestar, en mi vida.

Mi mente también se centraba en la valentía de mis padres, en lo mucho que tuvieron que sacrificar y en lo mucho que debieron trabajar para darnos a mí, a mi hermano y a mi hermana pequeña una vida mejor en Estados Unidos. Cuando tenía cuatro años, nos trasladamos a Estados Unidos desde nuestro hogar en Ecuador. Ser inmigrantes y tratar de salir adelante en nuestra nueva ciudad de Boston nos marcó a todos. A la larga, fue la decisión correcta, pero durante la primera década y media sentimos la intensa presión de la pobreza. Casi nos quebró. Mi madre limpiaba casas y mi padre trabajaba en un supermercado. Era un milagro que llegaran a fin de mes, pero a menudo era una lucha increíble que los sometía a una inmensa cantidad de estrés. Aunque llevábamos una vida sencilla, sin lujos, en un pequeño apartamento de dos habitaciones, siempre faltaba dinero. Mientras yacía en el suelo, no dejaba de pensar: "No quiero morir de esta manera. No quiero defraudar a mis padres. Han trabajado tan duro y con tanta dedicación, me han dado tanto, que esta sería una forma horrible de morir. Necesito vivir y aprovechar al máximo la oportunidad que me han dado".

Durante un par de horas me quedé tumbado en el piso, sin poder moverme, y sentía la conmoción que sufría mi cuerpo. Rezaba y rogaba por mi vida, mientras oscilaba entre el arrepentimiento y la gratitud. Arrepentimiento por haber perdido poco a poco el impulso de servir a los demás y por no haber descubierto antes cómo manejar mi tensión interior de forma saludable. Gratitud por la fortaleza de mis padres y su capacidad para cuidar de mí y de mis hermanos en condiciones tan difíciles, por su abnegación y su amor inquebrantable. Por encima de todo, sentí un impulso enorme por aferrarme a la vida y empezar de nuevo para poder aprovechar al máximo toda la energía que mis padres habían puesto para darme la oportunidad de una vida mejor.

Este ir y venir entre el arrepentimiento y la gratitud reavivó el fuego de la vida en mi cuerpo. Al cabo de unas horas, mi corazón dejó de latir con tanta intensidad y ya no sentía que mi vida estuviera a punto de terminar. Mi cuerpo se sentía increíblemente frágil y agotado por intentar permanecer en el reino de los vivos, pero aun así me puse en pie. Tenía un objetivo claro. Tomé todos los "analgésicos" que me autoprescribía y los tiré. Ese día, resolví en lo más profundo de mi corazón dejar de embotar mis sentidos y comenzar el largo camino de vuelta a una vida mejor. *No más poner en riesgo mi vida, solo por miedo a mis emociones.* Sabía que tenía que dejar las drogas y empezar a ser honesto conmigo mismo de una forma radical.

Todavía no entendía lo que estaba ocurriendo en mi interior y por qué había caído en esos malos hábitos, pero sabía que parte de la razón era que me estaba mintiendo a mí mismo sobre cómo me sentía realmente por dentro. No tenía idea de cómo iba a sanarme, pero supe de modo instintivo que mi camino hacia adelante tenía que basarse en una honestidad radical, tener la firme determinación de dejar de destrozar mi salud con peligrosos intoxicantes y centrarme en crear nuevos hábitos más saludables para mi cuerpo y mi mente. Fue un duro y largo viaje de vuelta a la salud, pero poco a poco empezaron los cambios. Sabía que no iba a ser fácil, sabía que los buenos hábitos serían como entrar en un mundo desconocido, y sabía que la única manera de recorrerlo sería dando cada paso con valentía y determinación. Pero estaba harto de esconderme.

Durante los años en que me abandoné, mi mente se sentía innegablemente pesada, y supe que necesitaba encontrar una forma clara que me ayudara a sentirme más ligero. Empecé a examinar todos los aspectos de mi vida y me centré en hacer lo contrario de aquello que me conducía a una muerte prematura, desde comer alimentos que me fortalecieran físicamente hasta hacer ejercicio y prestar verdadera atención a mis patrones de pensamiento, incluso cuando se sentían turbulentos. Comencé a examinar mis relaciones con los amigos y la familia y traté de comportarme con amabilidad y paciencia en las áreas donde antes había demasiada aspereza e irritabilidad.

Actuaba como un detective en mi mente, haciendo preguntas para investigar a profundidad y descubrir el origen de mis problemas. Cada vez que el impulso de escapar a través de sustancias tóxicas intentaba apoderarse de mí, llevaba mi conciencia hacia el interior para analizar bien la tensión. Recuerdo haber encontrado cantidades inmensas de tristeza y miedo, y un vacío que anhelaba amor de un modo doloroso. Más tarde descubriría que se trataba de un espacio que solo mi propio amor y mi compasión incondicional podían llenar. No obtuve de inmediato respuestas a todas mis preguntas, y no fue hasta que empecé a meditar que conocí la verdadera raíz de mi sufrimiento. Pero el simple hecho de no tener miedo a mirar en mi interior liberó mucha tensión en mi mente. Así como aceptar todo lo que encontraba me ayudaba a sentir una nueva sensación de tranquilidad, incluso cuando mi estado de ánimo era bajo. Huir de mí mismo me exigía mucha más energía que reunir el valor para abrazar la soledad y la quietud.

El primer año de creación de hábitos positivos supuso un gran cambio en mi vida. No me sentí increíble de inmediato, y no todos los días eran buenos. La mayoría se percibían como una gran lucha. Desde el trabajo de sentarme intencionadamente con una emoción que me asustaba hasta la simple tarea mundana de esperar en el frío el autobús para ir al gimnasio, mantenerse comprometido no era fácil. Todo era nuevo y difícil. Hubo muchos altibajos durante ese tiempo, pero mi persistencia no flaqueó. Volver a las andadas ya no era una opción. Los hábitos que al principio parecían tareas imposibles empezaron a convertirse poco a poco en una segunda naturaleza. Y con el paso del tiempo, la felicidad se hizo más común y mi corazón comenzó a sentirse más fuerte. Por muy tormentosas que fueran mis emociones, empezaron a aparecer chispazos de alegría al azar. Continué con la práctica de volver a mi interior para observar bien lo que surgía dentro de mí y, una vez que los cambios comenzaron a sumarse, noté que mis relaciones con la familia y los amigos también mejoraban. La vieja sensación de energía pesada y estancada empezó a desaparecer. Antes de la sanación, me sentía como un extraño dentro de mi mente y mi corazón. Poco a poco, esa sensación pasó y comencé a sentirme en casa en mi propio ser.

Aunque la vida ya se sentía nueva, y el aprendizaje se sentía continuo, cuando un amigo me habló de la meditación Vipassana en 2012 supe de forma intuitiva que era algo que necesitaba intentar para llevar mi sanación al siguiente nivel. Vipassana significa "ver las cosas como realmente son". Son retiros de silencio de diez días que te enseñan a purificar la mente subconsciente a través de la autobservación.

La sanación comenzó en cuanto inicié la práctica de la honestidad radical, pero se abrieron niveles de sanación mucho más profundos cuando empecé a meditar. A medida que avanzaba en la meditación y asistía a retiros de silencio varias veces al año, no solo comencé a sentirme mejor, sino también a sentirme más libre. Me llevó un tiempo ser capaz de meditar de forma constante en casa, pero cuando me comprometí plenamente a meditar a diario, a partir de 2015, los cambios positivos en mi salud mental florecieron. En 2016, dejé de consumir alcohol y marihuana y adopté un estilo de vida libre de todo tipo de intoxicantes. Sentía que ambos hacían que mi mente fuera densa, mientras que la meditación trataba de hacerla más ligera.

Volver al interior a través de la práctica de la meditación se sintió como un renacimiento íntimo y personal. Comencé a aprender mucho sobre mí mismo y sobre la mente humana. Cerrar los ojos para sentir lo que, en verdad, había dentro de mí me abrió a todo un universo. No solo adquirí conocimientos sobre mi historia emocional personal, sino que también empecé a sentir el trasfondo de la impermanencia que está presente en toda la realidad. El aprendizaje se aceleró a un nuevo nivel que iba más allá del conocimiento y se aventuró en el reino de la sabiduría. Se trataba de un tipo de aprendizaje que superaba todo lo que había leído, un tipo de conocimiento que solo podía obtenerse a través de la experiencia directa. Y los cambios en mi vida interna tuvieron un efecto inmediato en mi vida externa, en especial cuando se trataba de escuchar la guía de mi intuición. En mi nueva visión, el mundo se elevó a una definición superior: cultivar la presencia hizo que todo lo que me rodeaba pareciera más vibrante y nítido. La conciencia empezó a florecer y una mayor sensación de claridad interior me ayudó a superar el miedo a estar solo con mis pensamientos. Mi mente simplemente sintió que había un nuevo espacio en el que, cuando surgían situaciones difíciles, podía elegir de forma más intencionada aquellas acciones que me parecían más genuinas y menos dañinas.

No hubo nada perfecto en este periodo, ningún gran logro, ninguna sensación de estar sanado por completo o de haber alcanzado un alto nivel de sabiduría. No me iluminé en absoluto, pero me sentí más ligero. Lo que gané fue una relación integral con mi humanidad y una creciente capacidad para aceptar la verdad de que rechazar el cambio solo hace la vida más difícil. Aunque mi mente ya no está sobrecargada de tensión y he aprendido a vivir más en el presente, aún siento que estoy lleno de imperfecciones. El viaje para crecer en mi sanación y libertad continúa. Hoy en día, me considero como un estudiante afortunado de aprender de la sabiduría a la que cualquiera puede acceder cuando observa la realidad dentro del propio cuerpo.

•
—

la sanación no consiste en llenar tu vida de placer
o no volver a tener un momento difícil
se trata de ser real
y de enfrentar lo que sientes
para que no se acumule de forma malsana
atravesar por momentos bajos es mejor que
llevar el dolor no procesado a todas partes

¿Por qué yung pueblo?
¿y por qué este libro?

Cuando empecé a meditar, dos cosas quedaron claras como el cristal: que la sanación profunda es posible y que la humanidad en su conjunto es joven. Cuando me sentía atormentado por la tristeza y la ansiedad, no podía imaginar que esa pesadez pudiera llegar a ser algún día más ligera y manejable de forma saludable. A medida que avanzaba en mi primer año en una dirección más sana, y cuando más tarde comencé mi viaje de meditación, me sorprendió que de verdad pudiera sentirme mejor. Esta nueva sensación de bienestar no era yo reprimiendo mis emociones o algún tipo de ilusión. Por el contrario, de manera concreta y observable, la raíz de mi descontento mental en verdad se estaba aliviando. En un nivel fundamental, se estaba produciendo un verdadero cambio. Aunque todo el mundo sana de forma diferente porque cada una de nuestras historias emocionales es única, me quedó claro que la sanación está abierta y disponible para cualquiera que la busque. Sanarse a uno mismo es posible cuando dejas ir el pasado y conectas con el presente, todo para poder expandir tu futuro. Y la sanación avanza con rapidez cuando encuentras las prácticas que conectan bien con los condicionamientos que tu mente ha desarrollado a lo largo del tiempo.

Mientras seguía aprendiendo a través de la meditación, otra idea que volvía a mi mente era que la humanidad no ha madurado. Las cosas básicas que nos enseñan y que empezamos a practicar cuando somos niños —limpiar lo que ensuciamos, decir la verdad, tratarnos con justicia, compartir, ser amables con los demás, no hacernos daño— no se aplican en el ámbito social con eficacia. Sin embargo, estos principios nos muestran un camino para fomentar la salud y la armonía de todas las personas. En este siglo, en particular, parece que nos encontramos en un momento especial de la historia de la humanidad, preparados para afrontar nuestros grandes retos y para aceptar gran parte del daño que nos causamos unos a otros de forma directa e indirecta. Este momento es el inicio de un crecimiento profundo en nuestra madurez a fin de que seamos capaces de construir un mundo que ya no sea estructuralmente dañino sino estructuralmente compasivo.

Estas dos ideas convergen en el nombre *yung pueblo*, que significa literalmente "gente joven". Este seudónimo refleja un mensaje social que apunta al próximo crecimiento y maduración de la humanidad. El nombre señala un momento en el que pasaremos, como colectividad, de estar gobernados por la miopía y el egocentrismo a tener una elevada apreciación de nuestra interconexión, lo que normalizará el tratar a los demás con una nueva y cuidadosa amabilidad. La evolución de la forma de pensar y actuar de la humanidad está impulsada por muchos factores. Pero destaca uno en particular: la sanación del individuo. No todo el mundo necesita haber sanado por completo para que vivamos en un mundo pacífico, pero a medida que más y más personas progresen en su sanación se crearán olas capaces de cambiar la trayectoria de la historia humana. A medida que más personas sanen, nuestras acciones serán más intencionadas, nuestras decisiones más compasivas, nuestro pensamiento más claro y el futuro del mundo será más brillante.

Este libro pretende ser un puente entre las ideas de la transformación personal y la transformación global, para mostrar que ambas están profundamente entrelazadas y funcionan de forma conjunta. Espero que este libro sirva no solo como inspiración, sino como una manera de desmitificar la sanación personal y sus beneficios. Aunque el enfoque principal se centra en la sanación del individuo a medida que cruza umbrales más profundos y pasa del hábito humano a la naturaleza humana, el viaje concluye con una exploración de lo que es posible cuando la compasión se amplía del nivel interpersonal al nivel estructural. *Ligereza* pretende explorar las interpretaciones y experiencias comunes que las personas comparten cuando profundizan en sí mismas, independientemente de la práctica que utilicen, para navegar en su mundo interior. Aunque la experiencia humana existe en un amplio espectro, hay algunos principios universales que pueden destacarse para ayudarnos a entendernos mejor a nosotros mismos y al mundo. Espero que el mensaje de este libro sea una de las muchas fuerzas que apoyan el advenimiento de un mundo en el que el daño ya no sea sistémico.

La meditación sigue siendo una parte importante de mi vida diaria, pero escribir como "yung pueblo" se ha convertido en una herramienta maravillosa para procesar lo que estoy entendiendo sobre la sanación. Cuando empecé a compartir mis escritos, esperaba que algunos resonaran con otros, pero nunca imaginé que tanta gente de todo el mundo encontraría consuelo y significado en mi trabajo. Me tomo muy en serio la confianza que me dan. Y la preservaré con cuidado.

amor propio

Cuando me pregunto a qué era adicto, no hay una droga o sustancia que destaque en particular como la única que me condujo a la oscuridad. Cuando dejé de abusar de las drogas en serio, me di cuenta de que había estado utilizando una mezcla de cualquier cosa que me proporcionara un placer temporal para llenar un vacío interior que no tenía el valor de afrontar. El vacío nunca estaba saciado ni satisfecho. Cualquier disfrute que pudiera experimentar o la atención que me prestara la gente nunca era suficiente. Me sentía como un agujero infinito que podía absorber el mundo, escupirlo y seguir exigiendo más. El cambio se produjo finalmente cuando dejé de arrojar placer al problema y empecé a nutrirme de una atención honesta y sin prejuicios. Reorientar mi energía para poner atención a todas mis emociones cambiantes tuvo un efecto inmediato: alivió mi incesante deseo de obtener más placer y dejé de sentirme agotado y maltrecho.

Cuando comenzó mi viaje personal no conocía el término *amor propio*, pero utilicé esta práctica como un peldaño fundamental. No habría podido avanzar hacia una vida mejor sin esta atención amable y llena de aceptación que empecé a prestarme. El amor propio era el eslabón perdido. Era la clave de la plenitud que buscaba de forma inconsciente. Descubrí que el aprecio que tratas de encontrar en los demás no tendrá el mismo poder revigorizante que el amor, la atención y la amabilidad que puedes darte a ti mismo.

¿Qué significa el *amor propio*?

Cualquier cosa sólida y duradera requiere unos cimientos firmes. Cuando se construye una casa, toda la atención se centra en los cimientos que estabilizarán la estructura. Una vez que los cimientos están bien colocados, se puede empezar a construir, ampliar y crear algo magnífico. La evolución del individuo funciona de manera similar. El amor propio es el primer paso en el que se basa todo el éxito interior y exterior. El amor propio da a tu viaje la energía y la estabilidad necesarias para mantener una trayectoria clara. Es un compromiso profundo con el autodescubrimiento y con hacer de tu bienestar una prioridad absoluta.

En algún momento en 2014 o 2015, empezó a producirse un gran cambio cultural con respecto a la idea del amor propio. En particular, me di cuenta de que el concepto irrumpió con fuerza en la esfera de las redes sociales. Me gusta pensar en las redes sociales como un foro en el que la humanidad habla consigo misma, y en ese momento se sentía como si hubiéramos recogido a nivel colectivo la expresión *amor propio* y empezáramos a mirarla de diferentes maneras, girándola en todas las direcciones para obtener un mejor sentido de su verdadero significado. Muchos individuos se cuestionaban qué significaba para ellos el *amor propio*, y al mismo tiempo yo atravesaba mi propio proceso de exploración del concepto. Me preguntaba: ¿el amor propio es real? ¿Es necesario? ¿Es algo que puedo aplicar en mi vida diaria? ¿El amor propio es diferente del egocentrismo? ¿Cuál es la relación entre el amor propio y la sanación de uno mismo?

Al inicio, la comercialización envolvió la idea, y los medios de comunicación dominantes impulsaron la creencia de que era posible comprar la felicidad y la autoestima. Pero esto es engañoso porque confunde tus necesidades con tus deseos. Pensar que el amor propio significa darte todas las cosas que quieres, en especial en el ámbito material, parece correcto hasta cierto punto, pero la experiencia de muchas personas demuestra que las cosas materiales solo llegan a un determinado nivel. Hacerte pequeños regalos o emprender viajes de rejuvenecimiento son cosas que pueden encajar con la idea de amor propio, pero el amor propio no debe fusionarse con el materialismo. Las cosas materiales no pueden darte un equilibrio mental completo y, fundamentalmente, no pueden sanar tu pasado. Es fácil irse a los extremos al tratar de encontrar consuelo en las cosas externas o materiales y terminar alimentando aún más el fuego del deseo que en última instancia genera más insatisfacción. Pensar en el amor propio como algo que puedes comprar u obtener no activa tu poder para cambiar la vida.

Otros entendieron el amor propio como el hecho de ponerte en primer lugar a toda costa. Esta idea tiene sentido, porque muchos vivimos para los demás y entramos en ciclos de complacer a la gente sin tomarnos el tiempo necesario para cuidar de nosotros mismos. Sin embargo, corremos el riesgo de caer en la trampa del ego si solo pensamos en nosotros mismos. Ponernos en primer lugar en todas las situaciones puede convertirse con celeridad en otro tipo de extremo que desatiende el bienestar de los demás y nos empuja a centrarnos cada vez más en nosotros mismos. Si tu ego crece, tu mente se agita y tendrás grandes dificultades para ver la realidad con claridad. Si se supone que el amor propio debe ayudar a nuestras vidas, entonces esta no es la dirección correcta.

La comprensión del amor propio que tiene más sentido para mí es mucho más interna. Es la forma en que te relacionas contigo mismo con compasión, honestidad y apertura. Es ir al encuentro con cada parte de ti con aceptación incondicional, desde aquellas que te resultan fáciles de amar hasta las partes ásperas e imperfectas de las que intentas esconderte. El amor propio comienza con la aceptación, pero no se detiene ahí. El verdadero amor propio es un abrazo total a todo lo que eres, reconociendo al mismo tiempo que tienes espacio para crecer y mucho que dejar ir. El verdadero amor propio es un concepto complicado que requiere un sentido de equilibrio para poder utilizar su poder transformador: es nutrirse profundamente sin volverse egocéntrico o egoísta. Es dejar de verte como menos que los demás, pero al mismo tiempo mantener la humildad de no verte como mejor que los demás. Los mayores beneficios del amor propio provienen de las interacciones positivas contigo mismo. El amor propio no es solo una mentalidad, sino un conjunto de acciones. Llevado a su máxima expresión, el amor propio es una energía que utilizamos para evolucionar. En última instancia, defino *amor propio* como "hacer lo que necesitas para conocerte y sanarte a ti mismo".

El verdadero amor propio es multifacético e incluye la honestidad radical, la creación de hábitos positivos y la autoaceptación incondicional. Estos tres pilares funcionan interna y externamente para generar y apoyar un sentimiento duradero de amor propio.

•

en todas partes donde alguna vez
hubo una mentira dentro de ti
hay ahora una verdad
una verdad que expande
la conexión entre tú y tú mismo

Honestidad radical

La honestidad radical, una forma de autenticidad que comienza en tu interior, es un cálido reconocimiento que aplicas con suavidad a tu vida consciente. Esta visión de la honestidad radical no consiste en decirle a todo el mundo lo que piensas. Por el contrario, es la raíz a partir de la cual crece la conciencia. Los pensamientos y las emociones que antes se desechaban o se ignoraban ahora se aceptan. Donde antes sentías el impulso de huir, ahora te desafías a enfrentarte a lo que es. Sobre todo, para que la verdad salga a la luz examinas cualquier mentira que solías decirte. La clave de la honestidad radical es que no se trata de ti y de otras personas, sino de cómo te relacionas contigo mismo en todas las situaciones, tanto si estás solo o con otros.

La honestidad radical no consiste en castigarte ni en hablarte con dureza. Se trata más bien de estar tranquilamente en contacto con tu verdad. Practicar este equilibrio es fundamental. Al principio, la honestidad radical puede parecer difícil de manejar, pero, en realidad, es un proyecto a largo plazo. Si quieres ver grandes resultados, tienes que comprometerte de todo corazón con el proceso, en especial cuando se pone difícil, para poder rechazar la tentación de volver a caer en un comportamiento motivado a nivel inconsciente.

Si sigues por el camino de las mentiras, el miedo y sus dos principales manifestaciones —la ansiedad y la ira— seguirán creciendo. Primero, le temes a la verdad y luego mientes para librarte de tu miedo, cayendo involuntariamente en un bucle en el que en realidad sigues potenciando tu miedo, porque cada mentira engendra más ansiedad. La única manera de acabar con el fuego ardiente del miedo es extinguirlo por completo con la verdad. *La deshonestidad es el miedo a la verdad.*

La deshonestidad con uno mismo crea distancia. Cuantas más mentiras construyes a lo largo del tiempo, más te conviertes en un extraño para ti mismo. Al no ser capaz de aceptar tu propia verdad, avanzas en la dirección opuesta al conocimiento de quien eres. Cuando las mentiras inundan tu mente, la vida se vuelve opaca y las acciones correctas que necesitas tomar para aliviar la tensión interna se vuelven difíciles de descifrar. Las mentiras que te dices también se manifestarán como una falta de profundidad en tus relaciones. Una conexión profunda con el otro no es posible si estás fuertemente desconectado de ti.

A medida que practicas la honestidad radical, esta distancia disminuye y tu mente empieza a serenarse. *Decirte la verdad es el comienzo de la armonía interior.* Esta armonía hace que de inmediato tus relaciones sean más vibrantes. Al examinar tu pasado y descubrir la verdad que antes no querías poseer, en realidad haces más fuerte el poder de tu honestidad. Este mayor grado de presencia permite que tu conciencia florezca. Con el tiempo, la honestidad radical madura hasta el punto de convertirse en algo innegociable: la llevas dondequiera que vayas y en cada situación se transforma en un activo que orienta tus decisiones.

Donde antes te engañabas pensando que no pasaba nada, ahora admites que las turbulencias o el dolor en verdad estaban ahí. Donde antes te obligabas a ti mismo cuando creías que algo te gustaba, aceptas que te resultaba desagradable. Donde antes negabas un viejo dolor, reconoces que hay una herida en tu interior que necesita ser atendida.

El amor propio es una invitación a nuestro mundo interior. Cuando dirigimos nuestra atención hacia el interior, nos encontramos con la totalidad de nuestros condicionamientos. *La honestidad radical no consiste tan solo en observar lo que se encuentra, sino que también requiere que te acerques a ti mismo con curiosidad.* Al comprometernos a través de la curiosidad, tomaremos la vieja energía que antes utilizábamos para huir de nosotros mismos y le daremos un nuevo propósito que nos ayude a profundizar en nuestra propia verdad. Cuando nos encontramos con algo difícil (por ejemplo, al darnos cuenta de que hay un trauma no resuelto en la relación con nuestros padres), no retrocedemos con negatividad, sino que reflexionamos sobre cómo surgió y hacemos lo posible por encontrar sus raíces.

La curiosidad es especialmente útil cuando surgen emociones intensas. Cuando nos topamos con la tristeza, por ejemplo, podemos preguntarnos de dónde viene. Cuando encontramos un patrón anquilosado, podemos preguntarnos cómo surgió. ¿Fue una táctica de supervivencia? ¿Surgió del miedo? ¿De dónde viene esta tristeza?

¿Cuándo empezó a formarse este patrón? ¿Qué desencadena esta pauta y cómo está afectando este comportamiento a mi vida? La curiosidad también puede ayudarnos a trazar una trayectoria clara hacia nuestra transformación. A medida que cambiamos y nos despojamos de viejas capas, tendremos que conocernos una y otra vez preguntándonos de forma regular: ¿cuáles son mis verdaderas aspiraciones? ¿Qué ha codificado la sociedad en mi mente que no es realmente mío? ¿Con quién quiero pasar el tiempo? ¿Cómo puedo alinear mejor mis acciones para apoyar mi nueva evolución?

La honestidad radical, reforzada por la curiosidad interior, puede ayudar a agilizar nuestra transformación. Este impulso de honestidad y una creciente comprensión de nosotros mismos puede convertirse en una fuente de poder, ayudándonos a superar viejas barreras y a liberar el bagaje que nunca quisimos llevar.

Creación de hábitos positivos

La honestidad radical conduce a la creación de hábitos positivos. Cuando nos damos cuenta de los comportamientos que hemos desarrollado a lo largo del tiempo y que limitan nuestra felicidad y bienestar, nos percatamos de que necesitamos construir nuevos hábitos de una forma intencionada. Cuando somos sinceros con nosotros mismos sobre lo que no nos sirve, podemos reorientar nuestra energía.

Cuando empecé a practicar la honestidad radical, una de las primeras cosas que acepté fue que me había mentido sobre mi estado de salud. Era increíble lo enfermo que estaba. Las cosas más pequeñas hacían que mi corazón se saliera de ritmo. Mis pulmones estaban agotados y débiles, y mis hábitos alimentarios siempre me hacían sentir exhausto. Sabía que si quería dar un giro a mi vida, tenía que empezar por aquí. Aunque fue tremendamente difícil, rompí la barrera de los patrones estancados: salía a correr al aire libre y añadía alimentos más nutritivos a mi dieta habitual. Para ser sincero, al principio los cambios me dolieron. Mi cuerpo no había experimentado la tensión del ejercicio en años, y mi mente se debatía porque mi sentido del gusto no quedaba de inmediato complacido con mis nuevas opciones alimenticias. Aun así, fue uno de esos momentos en los que tuve que ponerme firme. Estaba decidido a vivir de una nueva manera, de modo que tuve que afrontar la incomodidad que a veces conlleva la transformación personal.

La creación de hábitos positivos es un juego a largo plazo y los mejores resultados no son inmediatos, sino que llegan después de haber redoblado la constancia. Entender que estás construyendo algo grande te ayudará a aliviar el deseo de obtener resultados rápidos. Como dice el autor James Clear de forma tan sucinta en su libro *Hábitos atómicos*: "Cada acción que emprendes es un voto por el tipo de persona en la que deseas convertirte. Ninguna instancia aislada transformará tus creencias, pero a medida que los votos se acumulan, también lo hace la evidencia de tu nueva identidad".

En mi experiencia, intentar cambiar todo a la vez no funciona. Más bien, concéntrate en unos pocos cambios clave. Sigue avanzando hasta que lo que deseas cambiar ya no te parezca una lucha, sino una parte natural de ti. Entonces sabrás que has tenido éxito.

Revisar toda tu vida y ponerlo todo patas arriba dividirá tu energía en demasiadas direcciones. En lugar de ello, elige una estrategia enfocada. Construye un hábito necesario hasta que esté bien arraigado en tu mente y en tu cuerpo, y entonces podrás extenderte con mayor facilidad a nuevas áreas. El hábito positivo que has cultivado durante tanto tiempo no desaparecerá cuando cambies tu atención porque te has asegurado de darle el tiempo necesario para que se convierta en un pilar vital en tu vida. Cuando has interiorizado por completo un nuevo hábito, sientes menos tensión al hacerlo. La repetición del hábito ya no se percibe como un trabajo arduo. En cambio, es más bien una rutina sin esfuerzo que incluso puedes disfrutar. Cuando empecé a meditar a diario, lo sentía como una gran tarea que tenía que realizar cada día, pero a medida que mantenía mi esfuerzo se convirtió en una parte de mi vida sin la que ahora no puedo siquiera imaginarme.

Cuando permitas que tu amor propio forje tus decisiones, te desafiará a elevar el estándar que tienes para ti mismo. El amor propio no es un sentimiento abrumador de positividad, es el consejo sincero que necesitas darte para poder nutrirte de verdad. Si te centras en repetir comportamientos sanos que nutran tu ser desde dentro hacia fuera, disminuirás la cantidad de lucha interior que solías sentir a diario.

Autoaceptación

El amor propio es el vehículo que utilizamos para viajar por nuestro propio universo interior. Lo que hace que este viaje sea productivo es la autoaceptación que aplicamos a lo largo del camino. Cuando nos abrimos al autodescubrimiento, nuestro mundo interior se expande ante nosotros. Nuestra historia, que antes estaba en la oscuridad, se revela bajo la luz de la conciencia. El insondable amor propio que puede provocar cambios profundos en nuestra vida nos convierte en exploradores que se mueven valientes hacia el interior para ahondar en la comprensión de lo que nos hace ser quienes somos. Sin la autoaceptación, cualquier cosa difícil con la que nos encontremos detendría o terminaría de forma abrupta nuestro viaje o nos haría volver corriendo a territorio conocido. Pero cuando comprendemos que estamos destinados a toparnos con cosas difíciles y nos preparamos para encontrarnos a nosotros mismos con autoaceptación, es más probable que admitamos las partes difíciles de nuestro condicionamiento y sigamos profundizando en nuestra historia emocional.

Para ser claros, la autoaceptación no significa complacencia. Solo significa que, en lugar de rechazar o luchar contra lo que surja, lo reconocemos por lo que es y, si es necesario actuar, lo hacemos con destreza. Lo que hace que el amor propio sea poderoso es que no es solo una forma de vernos a nosotros mismos, sino una serie de acciones que nos alinean continuamente con una visión mayor de aquello en lo que nos estamos convirtiendo.

A medida que practicamos el amor propio, sin duda habrá cosas que necesitemos tratar abiertamente y rectificar, pero sentir odio hacia lo que queremos cambiar solo nublará nuestra mente y hará que nuestras acciones sean menos efectivas. La autoaceptación es un profundo abrazo a la realidad, dejando de castigarnos por el pasado, y la base que equilibra todas las demás herramientas que utilizamos para la transformación personal. Cuando nuestro amor propio se activa, la transformación se pone de inmediato en marcha. Ninguna transformación conlleva una trayectoria ascendente inquebrantable: estamos destinados a tropezar, a volver de forma momentánea a los viejos hábitos, a retroceder unos pasos antes de dar un salto adelante que cambie nuestra vida, o a experimentar momentos en los que simplemente necesitamos una pausa. En nuestro camino personal, no cada instante será una victoria. En particular en los momentos difíciles, cuando surge la agitación interior, no ayuda tener una fuerte aversión a nuestra propia tensión: eso solo empeorará la pesadez que ya sentimos. La mejor manera de estar preparado para el largo viaje es atravesar los altibajos con autoaceptación.

El amor propio es una puerta de entrada

El amor propio nos ayuda a construir una cohesión interna para que no nos alejemos de nosotros mismos. Cuanto más nos pongamos en contacto con nuestra verdad y aprendamos a abrazarla con plena aceptación, más podremos encontrar una mayor armonía personal. La construcción de este autoconocimiento abre una puerta en la que no solo aprendemos a amarnos mejor a nosotros mismos, sino que empezamos a tener un sentido más profundo del amor por las personas de nuestra vida. En sus niveles más altos, el amor propio continúa expandiéndose, convirtiéndose finalmente en una puerta para amar a todos los seres de forma incondicional.

Cuando te conoces a profundidad a través de la energía del amor propio, empiezas a aprender sobre la condición humana y sobre cómo tus propias emociones y traumas han moldeado tu comportamiento y tus reacciones a lo largo del tiempo. A medida que dejas de ser un misterio para ti mismo, puedes empezar a mirar a otras personas con un mayor sentido de claridad y compasión. Aunque todos los seres humanos tenemos historias muy diferentes, todos vivimos el mismo espectro de emociones.

Nuestras mentes pueden tener contenidos diferentes, pero su estructura es relativamente similar. Por ejemplo, a todos nos cuesta permanecer en el presente. En los momentos difíciles, nuestro pasado reaparecerá para intentar ayudarnos a dar sentido a una nueva experiencia haciéndola coincidir con nuestro pasado, pero eso suele activar viejos patrones reactivos. Además, todos experimentamos en algún momento miedo, codicia, celos, ira y otras emociones que engrosan nuestro condicionamiento.

Cuando observamos bien la composición de nuestra propia mente, empezamos a desarrollar un sentido más profundo de compasión por los demás, porque hemos visto nuestras propias luchas y hemos empezado el proceso de superarlas. De este modo, podemos reconocer y expresar con mayor facilidad el amor por los demás cuando atraviesan momentos difíciles.

Esta creciente sensación de comprensión enciende una paz más profunda en nuestra mente cuando vemos a los seres queridos luchar o incluso cuando tratamos con una persona desafiante. Como escribió una vez el líder espiritual Thich Nhat Hanh: "La comprensión es el fundamento del amor". Después de pasar algún tiempo practicando la autoaceptación y profundizando en mi curiosidad interior, descubrí que la lucha interna es una de las grandes causas del conflicto exterior. Puede verse en los momentos en que alguien está tenso y esa tensión reduce su capacidad de ser paciente con otra persona, lo que hace que responda con palabras de enojo. Aparece en momentos en los que no nos damos cuenta de cómo el trauma de la infancia alimenta patrones improductivos en nuestras relaciones íntimas como adultos. Cuando la capacidad de verte a ti mismo aumenta, también se incrementa la paciencia que tienes con las personas que te rodean.

A medida que avanzamos en nuestra transformación personal y que nuestro amor propio adquiere un nuevo nivel de madurez, nuestro amor por los demás se expande cada vez más. Toma la forma de un amor sabio y equilibrado, es decir, sentimos amor por los demás sin olvidarnos de nosotros mismos. Un amor en el que comprendemos lo esencial que es tratarnos bien a nosotros mismos para poder presentarnos ante los demás de manera adecuada.

Llevado a su más alto nivel, el amor propio se convierte en la base que nos permite sentir y expresar amor incondicional. Sin amor propio, todas las demás formas de amor seguirán siendo superficiales. Un individuo que es completamente libre no alberga ninguna mala voluntad en su corazón o mente. Su ser irradiará amor por todos los seres, los haya encontrado o no en persona. No se trata de un amor silencioso que se siente dentro de uno mismo, sino de un amor que puede entrar en acción siempre que sea necesario. El verdadero amor es flexible, como el agua, y puede quedarse quieto o fluir con una fuerza tremenda.

El puente entre el amor propio y la sanación

Al activar mi amor propio desarrollé una imagen más clara de mi mente y lo que llevaba a cuestas. Podía sentir la tristeza que se había acumulado con el tiempo, la ansiedad que se disparaba cada vez que las cosas se ponían difíciles y la tensión cada vez que sentía que no conseguía lo que deseaba. Todos estos densos patrones habrían permanecido ocultos de no haber sido por el amor propio.

La honestidad radical, la creación de hábitos positivos y la autoaceptación estaban dando resultados reales. Pero una vez que empecé a reconocer la lucha que mi mente libraba constantemente, me di cuenta de que esto no iba a ser una aventura breve con un solución rápida. Si quería llegar a la raíz de mis problemas y en verdad abordar las capas más profundas de mi mente, era necesario comprometerme de todo corazón con un largo viaje de sanación. El amor propio me condujo con suavidad hacia el interior, me presentó a mí mismo y me mostró que no solo tenía que redoblar el comportamiento nutritivo en el que me estaba centrando, sino que tenía que reunir mi valentía y profundizar para poder iniciar el proceso de sanación.

El amor propio y la sanación están íntimamente entrelazados, y si te tomas en serio uno de ellos, de inmediato el otro se activará. Suben y bajan juntos. Del mismo modo, si ambos se alimentan, se producirá una profunda transformación.

Reflexiones

Al final de cada capítulo he incluido preguntas que espero fomenten tu reflexión personal y la vulnerabilidad en aras del autodescubrimiento. Las puedes tomar como pistas para un diario a fin de que profundices en el procesamiento de ciertas partes de ti mismo, o bien las puedes tomar como algo que puedes mantener en el fondo de tu mente y pensar en ello a medida que avanzas en tu día. También son preguntas que pueden explorarse en un entorno seguro con un amigo o un ser querido.

- En este momento, ¿qué aspecto tiene el amor propio? ¿Cómo quieres que evolucione tu amor propio y cómo quieres que se sienta dentro de un año?
- ¿Qué parte de ti mismo te cuesta aceptar? ¿Es una parte crítica de tu historia?
- ¿Qué hábitos positivos estás desarrollando? ¿Hay alguna forma de marcar límites para apoyarte en el cultivo de tu nuevo yo?
- ¿Te ha ayudado el amor propio a tener más compasión por los demás? ¿Entenderte a ti mismo te ha ayudado a verlos con más claridad?
- ¿Cuál es tu relación con la honestidad en estos días? ¿Puedes ser honesto contigo mismo cuando tu mente está llena de tensión?
- ¿Cómo ha afectado la falta de amor propio a tus relaciones en el pasado?

sanación

Cuando pienso en las situaciones que más me han marcado en la vida, lo que destaca es la continua lucha de mi familia contra la pobreza. Crecer como inmigrante pobre en Estados Unidos fue un reto increíble, y mi trauma personal está profundamente ligado a esa experiencia. Tuve la suerte de tener un padre y una madre que se querían mucho y que nos trataban a mí y a mis hermanos increíblemente bien, pero tenían pocas o ninguna oportunidad de ascender porque no tenían estudios universitarios y no hablaban un inglés fluido. Mis padres corrieron un gran riesgo al mudarse a Estados Unidos; sabían que sus vidas serían difíciles, pero también sabían que sus hijos tendrían oportunidades que no estaban disponibles en Ecuador. La pobreza se impuso a la seguridad del hogar que mis padres intentaban crear para nosotros. Soportaron un tremendo estrés tratando de pagar las facturas y de asegurarse de que tuviéramos una alimentación adecuada. Este estrés y la realidad de que no podían elaborar un plan a largo plazo para nuestro progreso económico impregnaban a toda la familia. Nuestras necesidades inmediatas eran tan acuciantes que, a veces, incluso el fuerte amor que se profesaban mis padres se veía afectado por la inmensa presión que la supervivencia ejercía sobre nosotros como familia.

De niño, me preguntaba si mis padres eran el uno para el otro porque discutían a menudo. Ahora, como adulto, veo que no había falta de amor entre ellos. Lo que ocurría era un problema estructural: el hecho de tener muy poco dinero llenaba sus mentes de tensión y a menudo proyectaban esa tensión en el otro. Su relación actual es muy diferente —su amor por el otro es evidente y hay mucha armonía entre ellos—, pero parte de la razón por la que ahora pueden respirar con tranquilidad es que mi hermano, mi hermana y yo ya somos mayores, nos cuidamos y les damos apoyo económico. Sus problemas eran circunstanciales, no porque fueran incompatibles.

Con el paso de los años, el estrés que invadió a mi familia y la lucha de mis padres por llegar a fin de mes se me grabaron en la mente. Recuerdo en especial el esfuerzo constante para pagar el alquiler de nuestro pequeño departamento cada mes. La mayoría de los meses, oía a mis padres discutir sobre esto, con sus voces llenas de estrés y cansancio mientras intentaban resolver qué hacer después. De niño, me preguntaba si este problema acabaría alguna vez o si empeoraría. Recuerdo esa fuerte sensación de inseguridad que me recorría el cuerpo y que me hacía sentir que el suelo podría colapsar en cualquier momento. Me acuerdo de que sentía tristeza por mis padres y deseaba poder ayudarles de alguna manera. También había una combinación de rabia y vergüenza. Enfado por el hecho de que algo como la pobreza existiera y vergüenza por el hecho de que sabía que apenas salíamos adelante cada semana. Me parecía injusto que mi familia tuviera que luchar tanto nada más para existir. Todo esto se manifestaba de modo silencioso como ansiedad y, más profundamente, como un deseo de más, que es común en todos los seres humanos. El miedo encontró un terreno fértil en mi mente, creando a menudo visiones de los peores resultados posibles. Nuestro modo de supervivencia no ayudaba a la tendencia hacia la tristeza que he tenido desde que tengo uso de razón.

Mi constante deseo de más, además de la sensación de inseguridad siempre presente y un sentimiento de tristeza permanente, solo empeoró cuando entré en la adolescencia y luego me convertí en un joven adulto en la universidad. La escasez me hizo sentir más apego: me aferraba a las pocas cosas que conseguía y anhelaba mucho lo que no podía comprar. Tenía que sanar.

Si examinaras con honestidad tu propia vida y tu mente, probablemente también encontrarías algo específico de tu pasado que podrías intentar sanar. Como mínimo, esta reflexión te ayudaría a ver que, sí, podrías ser más feliz, y que hay espacio para aumentar tu paz interior y tu claridad mental. Todos los seres humanos alojamos tensiones en la mente que nos impiden vivir una mejor vida. Pero, por fortuna, la tensión que se acumula en nuestro interior también puede liberarse. *La sanación se produce cuando disminuyes de forma intencional la tensión que llevas en tu mente.*

La mente humana suele estar llena de estrés y ansiedad. Le cuesta centrarse en el momento presente y está llena de apegos que se interponen en el camino de vivir en paz y tomar decisiones eficaces. Honrar el hecho de que nuestros altibajos nos han afectado profundamente nos permite aprender a vivir de una mejor manera.

Si la dejamos seguir sus viejos patrones, la mente continuará con su reactividad y nos mantendrá funcionando con el piloto automático. Lo que mejor conoce la mente es la repetición, que normalmente nos mantiene en un estado de modo de supervivencia que se traduce en un comportamiento ciego, en especial ante situaciones difíciles. Incluso cuando una emoción es violenta para el cuerpo, como lo son el estrés o la ansiedad, seguiremos repitiéndola si es una forma en la que hemos reaccionado en el pasado. Cada reacción llegará incluso a moldear lentamente nuestra percepción, hasta el punto de que todo lo que percibimos está filtrado por una gruesa capa de antiguos condicionamientos, combinados con nuestras emociones actuales. Dado que nuestra percepción es impulsada por nuestro pasado y nuestras emociones, inhibirá nuestra capacidad de reconocer la realidad tal y como es. La mente no hará lo que es bueno para ella a menos que la entrenemos de forma intencional para hacerlo.

La sanación comienza con la voluntad de convertirte en un explorador, de entrar en el vasto bosque interior que existe dentro de tu ser, utilizando tu conciencia como la luz que te muestra el camino. Es un viaje desafiante y a veces lleno de dificultades, porque sin duda te encontrarás con sombras y partes de ti mismo que pueden ser difíciles de abrazar a plenitud con la autoaceptación. Pero se trata de un reto que puede traer consigo recompensas incomparables. Cuando eres capaz de verte con claridad, despiertas tu verdadero poder interior. Hay un universo dentro de cada uno de nosotros sin explotar y en gran medida sin descubrir, pero la mayoría de la gente camina por la Tierra sin saber que no están viendo con sus ojos. En cambio, ven con sus emociones, y a menudo estas emociones son solo ecos de heridas pasadas. Muchos caen en ciclos de proyección en los que toman su aspereza interior y la arrojan al mundo.

La sanación profunda y la madurez emocional comienzan cuando se dirige la atención hacia el interior. La capacidad de verte a ti mismo mientras atraviesas los altibajos de la vida, sin huir ni reprimir tus sentimientos, mejora tu comprensión de ti mismo. Siente tus emociones cuando van y vienen. Acepta tu pasado y observa cómo se manifiesta en tu presente. Observa cómo tu mente procesa las situaciones difíciles. Toma nota de los patrones de comportamiento que se repiten en tu vida. Examina tu narrativa interior y cómo tu propio pensamiento afecta a tus emociones. Prestar mucha atención a todos estos movimientos mentales abre la puerta al tipo de aprendizaje que puede transformar tu vida. Pero ninguna de estas cualidades de la mente se produce por sí sola. Es necesario activarlas de forma intencional y cultivarlas con constancia para que sean lo bastante fuertes como para alterar nuestra salud mental y hacer que pasemos de sobrevivir a crecer.

Construir tu conciencia aumenta la agilidad de tu mente. Cuando dedicas tiempo a estar presente en tu propia mente, es posible desacelerar cuando surgen situaciones difíciles. En lugar de volver a caer en reacciones ciegas arraigadas en el pasado, puedes optar de forma intencional por hacer una pausa y concederte un momento para observar lo que realmente está sucediendo. Esta capacidad de hacer una pausa no es fácil y lleva tiempo construir esta cualidad de la mente, pero los resultados de esta práctica son inmensos. Darse tiempo para contemplar la realidad sin reaccionar inmediatamente es un signo de progreso en tu sanación. Ahora que puedes verte a ti mismo y darte más tiempo para procesar lo que está sucediendo, es más fácil que puedas comportarte de un modo que se alinee con tus objetivos y honre tu autenticidad. Encontrar el equilibrio en el que puedes ser honesto sobre lo que sientes y no permitir que una emoción temporal tome el control total de tus acciones puede ayudarte a manejar mejor los cambios inesperados de la vida.

A menudo, las personas quieren mejorar sus vidas, pero acaban centrándose en las cosas que les rodean en lugar de en lo que ocurre en su interior. Cambiar de lugar como forma de empezar una nueva vida puede ser útil, pero si nunca se aborda lo que ocurre en la mente, los viejos patrones arraigados en ella pueden volver a crear las situaciones de las que se intentaba salir. La gente reevalúa sus objetivos y tiene una idea de la vida particular que quiere manifestar, pero las cosas no suceden de forma tan fácil. Una visión sigue siendo una visión hasta que se aplica la acción a ella. Hay una frase común que circula por Internet: "Lo que es para ti vendrá a ti", pero la vida nunca es tan sencilla. La pieza que falta en ese rompecabezas es que la vida seguirá siendo difícil y que te bloquearás para disfrutar de las cosas buenas si nunca te ocupas de la pesadez de tu mente y del miedo que atenaza tu corazón. Las cosas que son para ti vendrán a ti con mayor facilidad cuando estés profundamente alineado con tu verdad y persigas tu crecimiento. La forma de tu dinámica interna influye siempre en lo que ha de llegar. Hasta que disuelvas tus bloqueos internos, es decir, las partes de tu condicionamiento que no te das cuenta de que se resisten a tu libertad, las cosas se alejarán de ti. Si tu mente está llena de ira y tensión, no podrás tener paz y las cosas que te lleguen no ayudarán en tu búsqueda de la felicidad. Las vibraciones similares tienden a atraerse mutuamente, y si no nos alineamos con la paz, entonces será difícil que la armonía llegue a nuestras vidas. La sanación no solo mejorará tu vida, sino que abrirá la puerta para que te lleguen cosas buenas, porque la calidad de tu mente determina la calidad de tu vida.

El otro factor clave que no debe pasarse por alto es que tu esfuerzo es fundamental. Una cosa es saber lo que quieres, pero otra es seguir tu sueño haciendo un plan y actuando en consecuencia. Dejar las cosas al capricho de la esperanza o simplemente esperar a que las cosas vengan a ti es un enfoque pasivo de la vida que no da grandes resultados. Una gran parte de la sanación efectiva personal es asumir la responsabilidad de los propios patrones. Aunque el trauma o el dolor por el que pasaste, que alimentó estos patrones, no fue culpa tuya —en especial si eras un niño cuando sucedió—, la sanación de estos patrones solo puedes hacerla tú. La gente puede apoyarte, pero son tu intención y tu esfuerzo los que te ayudarán a evolucionar más allá del daño que llevas dentro de ti. Si hay una cosa en la que debes enfocarte para mejorar tu vida, es en tu sanación. Si quieres construir una vida mejor, tienes que concentrarte en lo que más te impacta, y sin duda eso es la relación entre tú y tu mente. Si te adentras en tu sanación, el esfuerzo que luego aplicas para lograr tus aspiraciones y sueños será mucho más eficiente y producirá resultados con mayor rapidez. Una mente curada es increíblemente poderosa.

Una de las tendencias más arraigadas que tenemos es señalar la fuente de nuestro problema como si estuviera fuera de nosotros.

A nuestro ego le gusta echar la culpa fuera de nosotros mismos, y a menudo esa culpa recae en los más cercanos. Un día Sara, mi mujer, entró en la cocina donde yo estaba trabajando y con una sonrisa en la cara empezó a contarme cómo había estado discutiendo conmigo en su cabeza durante las últimas horas. Ese día, experimentaba un gran enojo que no estaba provocado por nada en particular. Aun así, su mente seguía tratando de imaginar cómo ese enfado podía ser culpa mía. Su mente retrocedía cada vez más en el tiempo para encontrar una razón adecuada, pero al reconocer este patrón, recuperó su poder y el enojo acabó por desaparecer. Terminamos riéndonos mientras describía cómo su mente saltaba a través de aros al tratar de rechazar cualquier responsabilidad por su propia tensión. Su honestidad también me ayudó a ver cómo yo caía en ese mismo patrón en mi propia mente: la tensión que surgía en mí a menudo trataba de construir una razón que hiciera culpable a Sara cuando en realidad no tenía nada que ver con ella.

Es cierto que habrá ocasiones en las que alguien nos haga algo que claramente desencadene la ira, pero muchas veces no será así. Siempre que la ira u otra emoción pesada aparezcan en el teatro de tu mente, esta empezará a buscar más combustible, incluso si tiene que torcer la lógica para hacerlo. Esto es algo que ocurrirá una y otra vez, mientras avanzas en tu sanación. El compromiso de recordarte pacientemente que eres el hacedor de tu destino te ayudará a reafirmarte como el que está a cargo de tu estado mental.

Te sorprenderá lo poderoso que es simplemente ser consciente de lo que está ocurriendo en tu mente y luego utilizar tu intención para volver a la dirección correcta. Tendemos a querer complicar demasiado las cosas. Pero el simple acto de redirigir hacia dónde va tu energía mental, aunque tengas que hacerlo varias veces, te ayudará a construir los hábitos y el sentido de gratitud que necesitas para ser más feliz. Por eso es tan importante la conciencia. Cuando puedas ver cómo se mueve tu mente, podrás utilizar tu intención para corregir el rumbo si es necesario. Esto no significa suprimir nada. Tenemos que aceptar la idea de que la mente es expansiva: puedes dar cabida a múltiples versiones de ti mismo. Puedes honrar los sentimientos traídos por tu pasado que siguen tratando de surgir, o una emoción pesada que busca tu atención, sin dejar que esta pesadez se apodere de tu mente. Es posible honrar el lugar en el que te encuentras y en donde quieres estar sintiendo la realidad de la pesadez pero sin darle poder sobre tus acciones. Este es uno de los cambios mentales clave que espero que te proporcione este libro: el arte de ser real y permanecer fiel. *Sé real al aceptar lo que sientes y mantente fiel a tu misión de crecimiento incluso cuando las cosas se pongan difíciles. La clave es que puedas sentir sin identificarte con la emoción.*

la madurez es cuando por fin puedes
superar los altibajos de la vida
sin dejarte sacudir por ellos
no esperas que todo sea perfecto
sabes que el cambio es una constante
no te juzgas cuando los tiempos son difíciles
vives en gratitud
disfrutas de lo bueno cuando está aquí

El problema es que la mayoría de la gente quiere una respuesta más fácil, una solución rápida, pero la sanación no funciona así. Los patrones se construyen a lo largo de décadas, y las reacciones que se han acumulado durante mucho tiempo se almacenan en lo más profundo del subconsciente y se endurecen como el cemento. Por fortuna, tu voluntad y tu intención son herramientas poderosas. La sanación puede producirse en periodos más cortos que las décadas, pero, aun así, es necesario un verdadero esfuerzo para romper con las viejas costumbres. Las soluciones rápidas suelen dar resultados superficiales. Si no estás preparado para profundizar en tus trincheras emocionales y enfrentarte a las duras verdades que te han estado esperando en las sombras, entonces este trabajo será más duro de lo que ya es. La parte más difícil de la sanación es mantenerse inspirado para poder seguir construyendo el nuevo yo, pensamiento a pensamiento, acción a acción, paso a paso. Todos estos movimientos aparentemente pequeños acaban sumando una transformación total. Las personas que se sanan a sí mismas son leones, héroes con una valentía excepcional, y no lo digo para desanimarte, sino para dejar claro que este viaje no es rápido ni fácil. Es un compromiso muy largo. No se puede establecer un límite de tiempo. Tienes que amarte a ti mismo para cambiarte, y amarte a ti mismo no tiene días de vacaciones. Pero a través de la aceptación, la paciencia y el esfuerzo, puedes apoyar a la persona en la que te estás convirtiendo. La sanación no consiste en la perfección, sino en dejar de vivir de forma inconsciente. Podemos pasar años regalando nuestro poder al no asumir nunca la responsabilidad de lo que ocurre en nuestra propia mente. *La sanación consiste en iluminar tu mente con tu propia conciencia, encender la luz interior con tanta intensidad que tus viejos patrones ya no tengan en dónde esconderse.* Ser capaz de verte por fin con claridad te ayudará a recuperar la plenitud de tu poder. El cambio no es posible si no puedes ver lo que hay que cambiar. El poder de tu atención es grande e inconmensurable. Cuando lleves esa atención hacia dentro, te ayudará a eliminar todos los bloqueos que se interponían en tu camino para construir una gran mente y, por tanto, una gran vida.

Historia emocional

La sanación es necesaria porque todo lo que sentimos deja una huella en la mente, y todo ello se acumula en nuestro condicionamiento: nuestra dinámica familiar, lo que aprendimos en la escuela, nuestras relaciones con los amigos y la pareja, los puntos de vista que la sociedad nos impone a lo largo de nuestra vida, la relación con nosotros mismos, y cualquier otra experiencia o fragmento de información que pase por nuestro ser. Todo esto se une para crear la totalidad de nuestro condicionamiento. Nuestro condicionamiento no se queda quieto: impregna la forma en que nos percibimos a nosotros mismos, a las personas con las que interactuamos y al mundo. Nuestro condicionamiento no solo afecta a nuestra percepción, sino que va más allá y moldea la manera en que nos comportamos. Cuando hablamos de sanación, y de aquello que estamos sanando, nos referimos al pesado condicionamiento que sobrecarga la mente y que nos impide vivir con autenticidad. Nuestro condicionamiento es, literalmente, el pasado que llevamos con nosotros dondequiera que vayamos.

La mente consciente a veces es capaz de olvidar, pero la mente subconsciente acumula todas las reacciones del pasado. Estas reacciones se endurecen con el tiempo y se convierten en patrones de comportamiento específicos que surgen cuando la mente se acuerda de una situación pasada. ¿Alguna vez te has sentido impaciente cuando has tenido que esperar en una fila, o te has enfadado cuando estabas atascado en el tráfico? Cuando ya tienes muchas cosas en la cabeza y alguien añade otra tarea de alta prioridad, ¿empiezan a aparecer el estrés y la ansiedad? Cuando alguien es grosero o condescendiente, ¿reaccionas a la defensiva? Estos son solo algunos ejemplos de patrones de reacción comunes. La intensidad con la que sentimos estos patrones reactivos se relaciona directamente con las veces que hemos reaccionado así en el pasado. Sanar es procesar y descargar toda la programación del pasado que obstaculiza nuestra capacidad de vivir con libertad en el presente.

La sanación no borra el pasado, y el objetivo de la sanación no es olvidar lo que ha sucedido. Los viejos recuerdos de los momentos difíciles pueden surgir incluso después de que se haya producido una sanación profunda, pero lo que cambia es cómo reaccionamos ante ellos cuando aparecen. Si la intensidad de la reacción disminuye, entonces estás haciendo un verdadero progreso. Esto no tiene nada que ver con la supresión de la reacción; es solo una medida de lo que sucede en realidad en la mente. Puedes sentir tu verdad sin consumirte por ella ni dejar que controle tu comportamiento.

Una de las partes más dominantes de nuestro condicionamiento es nuestra historia emocional personal, los sentimientos persistentes que han permanecido con nosotros y que se relacionan de forma específica con las emociones fuertes que hemos sentido a lo largo de nuestra vida. Desarrollar una comprensión de lo que hemos pasado personalmente y de cómo estos retos se manifiestan en nuestros patrones emocionales y de comportamiento nos ayuda a desbloquear la rigidez de nuestras reacciones. En lugar de estar atrapados en un ciclo que repite el pasado, podemos romper ese ciclo, tomar decisiones diferentes y sentir cosas distintas a esas emociones defensivas prevalentes. Nuestra historia emocional puede ser a veces tan densa que limita nuestra capacidad de cambiar nuestro comportamiento hasta el punto de mantenernos en un estado de mera supervivencia. Pero ningún bagaje emocional del pasado está más allá de la sanación.

Descubrir patrones

Después de tocar fondo y de pasar un año entero practicando los tres aspectos del amor propio —honestidad radical, creación de hábitos positivos y autoaceptación—, veía resultados significativos, pero mi intuición me llamaba a profundizar más.

En esa misma época, uno de mis mejores amigos de la universidad, Sam, había pasado un tiempo viajando por la India. Mientras estaba allí, una familia con la que se alojaba le habló de un retiro de meditación silenciosa de diez días que despertó su curiosidad, y no tardó en probarlo. Fue en busca de una nueva experiencia y de forma inesperada encontró algo mucho más grande: encontró su camino.

Después del retiro, nos envió un largo correo electrónico a mí y a otros tres amigos cercanos. Su mensaje versaba sobre el amor, la compasión y la buena voluntad. Recuerdo que me sorprendió, ya que nuestra amistad hasta ese momento nunca había tratado esos temas. De hecho, nunca lo había oído hablar así. Siempre lo consideré un amigo de confianza, pero nuestras conversaciones anteriores nunca habían entrado en espacios de vulnerabilidad. Me di cuenta de que estaba compartiendo su verdad con nosotros y que esos diez días habían provocado una gran transformación en él. Su mensaje llegó en un momento en el que yo apenas me había iniciado en la sanación, pero estaba comprometido con el viaje. Aunque solo había meditado durante unos veinte minutos una vez en mi vida, después de escuchar la poderosa experiencia que tuvo, mi intuición de inmediato me dijo que tenía que experimentarlo por mí mismo. Me apunté a un retiro que enseña la misma técnica aquí en Estados Unidos. Yo también necesitaba algo de lo que él había conseguido.

En julio de 2012 hice mi primer curso de meditación Vipassana. Este tipo de meditación se remonta a las enseñanzas originales de Buda, pero esta interpretación moderna de la Vipassana nos llega de la mano de S. N. Goenka, un birmano de origen indio que aprendió de su maestro Sayagyi U Ba Khin. En 1969 Goenka comenzó a enseñar en la India, y con el tiempo la Vipassana se extendió por todo el mundo. Hasta el día de hoy, considero a S. N. Goenka como mi maestro, aunque falleció en 2013 antes de que tuviera la oportunidad de conocerlo en persona.

Mi primer retiro de meditación fue increíblemente difícil. Tuve que luchar durante todo el curso, ya que mi viejo condicionamiento se esforzaba por rechazar la práctica. Todo lo que podía pensar era en cómo quería irme. A los pocos días de empezar el retiro, recuerdo que miré al chico que me llevó al curso y me pregunté si él también quería irse, pero parecía decidido a quedarse. Esto fue antes de que Uber y Lyft fueran populares, así que no tenía forma de llegar a casa. El retiro se celebraba en una pequeña ciudad del estado de Washington y yo estaba muy lejos de cualquier conocido. Hoy en día, estoy muy agradecido de que no hubiera una forma fácil de volver a casa y de haberme quedado en el curso. Hacia el séptimo día, por fin me tranquilicé, dejé de pensar en escapar y empecé a esforzarme más en la meditación. Cuando terminó el retiro, supe que había encontrado algo especial que realmente encajaba con el tipo de sanación profunda que estaba buscando. Sin duda, me sentía mejor que nunca en mi vida. Mi mente se sentía más ligera y abierta, mis emociones ya no se sentían obstruidas y me resultaba más fácil apreciar la vida y disfrutar de cada momento. En definitiva, no estaba sanado del todo, pero vislumbré que, si continuaba practicando, seguiría obteniendo resultados profundos y que cambiarían mi vida.

Sentí un cambio tan drástico en mi mente tras el primer retiro, que me apunté a hacer otro en septiembre de 2012. Sabía que sacaba mucho provecho de la técnica, pero no acababa de entender cómo funcionaba y quería aprender a hacerlo mejor. Pronto quedó claro que la inversión que requiere la sanación es tu propio esfuerzo y tiempo. Cuanto más se invierta, mayores serán los resultados. Entré en una buena rutina de hacer unos cuantos cursos al año. Era un gran compromiso de tiempo, pero sabía que mi sanación tenía que ser lo primero. Mi bienestar debía de ser mi prioridad absoluta y ocuparme de todos los patrones insanos que había reunido a lo largo de mi vida.

Lo que me impactó muchísimo fue que la sanación real era posible. Durante mi vida, había adoptado, sin saberlo, la idea de que las cargas mentales que llevas serán tuyas para siempre. No comprendía lo maleable que es la mente y cómo la acción intencionada e introspectiva puede aliviar el sufrimiento personal. Al principio, me preguntaba si estos cambios eran reales, si mi mente se sentía más ligera. Quería asegurarme de que no estaba reprimiendo nada. Pero los cambios eran reales: cuando las cosas se ponían muy difíciles, no recurría a las drogas duras y los altibajos de la vida no eran tan extremos. Otras pruebas del cambio genuino se manifestaron en la forma en que trataba a los demás. En el pasado era fácil caer en el egoísmo —una larga historia de escasez puede hacer que la gente se centre en sí misma—, pero cada vez más mi mente sentía esta nueva abundancia de amor y compasión por los demás que parecía por completo nueva. Estaba activo y presente incluso en los momentos difíciles.

Alrededor de 2015, había crecido y sanado hacia un punto en el que por fin tenía la energía necesaria para incorporar la meditación a mi vida diaria. Hoy sigo meditando con este mismo estilo y tradición. Todavía me resulta difícil cuantificar cuánto de mi sanación ha sido provocado por la meditación, pero lo que está claro es que, cuando aparecen los retos de la vida, ya no siento la necesidad de huir o reprimir las emociones difíciles. La meditación me enseñó a centrarme en la construcción de la ecuanimidad (el equilibrio de la mente, la capacidad de observar sin ansias ni aversión), en lugar de permitir que las reacciones de la mente se prolonguen sin cesar. Este proceso de desvinculación está ayudando a purificar lo que se ha acumulado en mi subconsciente. Ahora puedo observar lo que es cierto dentro de mi mente y mi cuerpo con una nueva calma, en lugar de reaccionar y multiplicar la tensión. Mi mente no se siente perfecta ni completamente sabia, y el camino hacia la liberación total continúa, pero tengo una ruta clara que me hace sentir que los pasos que he dado son reales y sustanciales. Hace tiempo que desapareció la persona que solía ser, cuando mi mente estaba plagada de dolor, ansiedad e inseguridad. Sigo sintiendo emociones dolorosas, pero ni de lejos con la misma intensidad que antes. Aunque el viaje continúa, la tensión en mi mente ha disminuido y soy capaz de aparecer en mi vida y en la de mis seres queridos de una manera más eficaz. Y eso se siente como una verdadera victoria.

tu reacción inmediata
no te dice quién eres
cómo decides responder después de la reacción
es lo que te da una visión real
de lo mucho que has crecido
tu primera reacción es tu pasado
tu respuesta intencional es tu presente

Más allá de la infancia

Dado que cada individuo tiene su propio prisma de condicionamiento, el motivo por el que buscamos la sanación es único en nuestro propio viaje. Entre las cosas más importantes que se manifiestan como desafíos en la vida se pueden incluir el dolor y el trauma de la infancia, los daños que ocurren después de la infancia, la falta de conciencia, los patrones que se han anquilosado con el tiempo, las reacciones ciegas y el no poseer límites.

Gran parte de nuestro condicionamiento más denso se acumula durante la infancia, lo que tiene un gran impacto en nuestra personalidad y patrones, pero nuestro condicionamiento nunca deja de moldearse. Cada vez que reaccionamos y sentimos una u otra emoción densa, se produce una huella en el subconsciente de la mente que cambia nuestro condicionamiento. La infancia tiene un gran impacto, pero también lo tiene cualquier quebranto que experimentes a lo largo de tu vida. Las emociones no solo se sienten en el momento, sino que cada vez que reaccionamos a ellas, nos preparan para sentirlas una y otra vez en el futuro. Nuestro carácter no está grabado en piedra, ya que nuestro subconsciente siempre está en movimiento, como cualquier otro aspecto del universo. Y tiene la capacidad de dejar atrás viejos patrones o adquirir otros nuevos. La mente humana permanece maleable y mutable durante toda su vida. Cada vez que reaccionas con intensidad, dejas una marca en tu presente y potencialmente también en tu futuro. A medida que tu subconsciente cambia, tanto si continúas la tendencia de acumular más y más huellas como si haces lo contrario y limpias lo que contenía, provocarás cambios en tu personalidad. Un ser humano nunca puede permanecer igual. En la esencia de lo que somos está el cambio. Nuestro poder, y la razón por la que la sanación es posible, radica en el hecho de que con la intención podemos dar una dirección clara al flujo natural de cambio dentro de nosotros, en lugar de dejarnos llevar de forma inconsciente por los altibajos de la vida.

Una de las principales ideas erróneas es que nuestras reacciones están impulsadas por lo que pensamos o por lo que nos hacen otras personas. A primera vista, esto puede parecer así porque la mente se mueve a gran velocidad, pero, como aclara el Buda en sus enseñanzas y como también destaca S. N. Goenka en sus retiros de diez días, ocurre un proceso más sutil que una conciencia elevada será capaz de percibir. En concreto, los pensamientos que surgen en la mente brotan de forma simultánea con las sensaciones en el cuerpo. *Nuestra reacción no es a lo que pensamos, sino a lo que sentimos*. Si pensamos en algo que nos gusta o si oímos, saboreamos, sentimos o vemos algo que nos parece agradable, el cuerpo sentirá el placer y reaccionaremos a esa sensación con apego, queriendo más y más de lo que nos parece agradable, pero que es inevitablemente impermanente. El mismo proceso ocurre cuando nos encontramos con algo desagradable y entonces experimentamos una sensación incómoda en el cuerpo a la que reaccionamos. Oímos las palabras y las percibimos como desagradables, y entonces experimentamos una sensación en el cuerpo a la que reaccionamos. La tensión que sentimos en la mente es impulsada por el disgusto que experimentamos a causa de las sensaciones desagradables que están ocurriendo en el cuerpo. La velocidad de estos procesos mentales hace que parezcan, en gran medida, invisibles. Somos seres muy intelectuales —siempre pensando, hablando, procesando, analizando—, pero no nos damos cuenta del gran impacto que tiene la sensación y la reacción a lo que sentimos en nuestra tensión y condicionamiento mental.

Es cierto que hay personas que pueden lastimarnos, no estoy minimizando esa realidad. Y cuando nos enfrentamos a un daño potencial a nosotros mismos o a los demás, debemos tomar medidas firmes e intencionadas para evitar que se produzca el daño. Sin embargo, es valioso entender que el proceso de percepción y reacción de cómo nos sentimos ocurre dentro de nuestra propia mente, a diferencia de las cosas fuera de nosotros que determinan nuestras emociones. Ser capaz de ver el poder que tiene nuestra reacción sobre nuestro estado de ánimo y la cantidad de tensión que sentimos en la mente puede mostrarnos cuánto sufrimiento nos hemos estado causando a nosotros mismos. Esta comprensión también nos da esperanza para la sanación futura porque la forma en que reaccionamos no está grabada en piedra. La sanación significa que podemos tener una vida más serena y menos tensa, en lugar de quedarnos para siempre con las heridas del pasado. Si reconocemos la raíz de nuestra tensión, podemos empezar a abordarla de una manera más acorde a donde estamos.

Sanación *versus* liberación

Un comentario rápido sobre sanación *versus* liberación. Escribo a partir de la comprensión que he desarrollado a través de la experiencia directa, pero esa experiencia no habría sido posible si no hubiera tomado en serio las enseñanzas del Buda. Gran parte de mi comprensión respecto a los apegos y las reacciones está dentro del contexto de lo que el Buda enseñó y de lo que he observado a través de la meditación. Me metí en el mundo de la meditación en busca de la transformación. De forma intuitiva, sentí que meditar podría ayudarme a sanar la pesadez de mi mente y ponerme en el camino de una vida mejor. Y eso fue lo que conseguí al ir a los retiros, pero, con el tiempo, los aspectos más matizados de las enseñanzas del Buda empezaron a ser más claros, y la idea de que la liberación completa era posible empezó a tener sentido. Ya había encontrado la idea de la liberación colectiva mientras trabajaba como organizador comunitario, así que me pareció natural que la liberación también pudiera tener una dinámica interna y personal para el individuo. Según las enseñanzas de Vipassana, la insatisfacción generalizada que sienten los seres humanos se debe al apego, pero es posible erradicar de cuajo el apego y liberarnos por completo.

La sanación y la liberación avanzan a la par, porque nuestro dolor mental se debe a la violencia de nuestras reacciones viscerales e incontroladas. La verdadera sanación ayudará a aliviar la intensidad de esas reacciones. Lo mismo el camino de la liberación, pero este va mucho más allá. Si alguien decide recorrer todo el camino, a la larga alcanzará el fin del sufrimiento.

El enfoque de este libro es la sanación, y trata de los umbrales que muchos de nosotros cruzamos cuando profundizamos en nuestro trabajo de sanación, ya sea a través de alguna forma de meditación, terapia u otras técnicas que tienen un impacto positivo en nuestras vidas. La sanación es para todos, seamos o no espirituales, porque todos sabemos lo que es tener una mente que se siente demasiado pesada y emociones que nos sobrepasan. Personalmente, sabía que lo que necesitaba era la sanación, pero el método que se adaptó mejor a mí terminó por llevarme hacia un camino de liberación serio. Es un camino que recorro hasta el día de hoy y en el que pienso seguir porque tengo mucho terreno que cubrir. Aunque el camino que elegí surge de una tradición particular, hay similitudes en la experiencia de sanación que se hacen evidentes cuando se lleva la atención hacia el interior.

A cada uno lo suyo

La meditación ha sido mi vía de sanación, pero no es la única forma de sanar. Ninguna modalidad tiene el monopolio de la sanación. Lo que tiene de especial la época en que vivimos es que hay una gran cantidad de métodos introspectivos que están dando resultados sustanciales.

Aunque todos nos movemos a través de espectros semejantes de emociones y experimentamos batallas similares con apegos y viejos patrones, todos tenemos un condicionamiento único que nos diferencia de los demás. No hay dos personas que hayan recorrido el mismo camino, y cada uno posee una propia historia emocional que atravesar cuando comienza su sanación.

Como cada individuo tiene sus propios condicionamientos, la forma en que una persona sana no es la misma en que todas las personas lo harán. Este es uno de los aspectos difíciles de hacer un trabajo introspectivo. Debes hallar tu propio camino, encontrando la herramienta o técnica adecuada para ti. Por suerte, no tienes que reinventar la rueda. Abundan las prácticas de sanación y cada vez son más accesibles. Lo que funciona para un amigo tuyo o un familiar puede no ser el enfoque adecuado para ti. Es importante que tomes nota de lo que te parece correcto al iniciar tu propio viaje personal, porque lo que estás haciendo debe encajar con tu intuición. La clave es encontrar algo que suponga un reto, pero que no sea abrumador.

Sabrás que estás en ese punto óptimo cuando tengas la energía necesaria para procesar lo que surja cuando dirijas tu atención a tu historia emocional. Algunas personas han sufrido traumas tan graves que su condicionamiento necesitará un enfoque suave cuando empiecen a entrar en su interior, mientras que otras pueden ser capaces de manejar un método de sanación más fuerte desde el principio.

La verdadera sanación es un proceso de descondicionamiento que te ayuda a desentrañar los bloqueos, las narrativas y la inflexibilidad que crean un espacio entre tú y tu felicidad. La sanación empieza por conocerte a ti mismo y quererte. Cuando ves y sientes lo mucho que llevas encima, es claro que es hora de empezar a soltar.

Reflexiones

- ¿Estás en contacto con tu historia emocional?
- ¿Qué partes de ti necesitan ser sanadas?
- ¿Cuáles son algunos de los principales patrones que aparecen repetidamente en tu vida? ¿Y qué hay de los patrones que aparecen cuando las cosas se ponen difíciles?
- ¿Cómo ha afectado tu infancia a tus condicionamientos y a tu personalidad?
- ¿Qué herida importante ocurrió después de la infancia, y de qué manera ha repercutido en tu vida?
- ¿Ves la conexión entre tu pasado y la forma en que reaccionas impulsivamente?

soltar

En mi propio viaje, una y otra vez aparecía la lucha contra la tristeza. Era una reacción común a las situaciones difíciles y a veces se manifestaba sin una causa. Cuando estaba escribiendo mi primer libro, *Hacia adentro*, me asaltaba de forma repentina una profunda melancolía que a veces se prolongaba durante días. Escribir un libro me parecía una tarea colosal y mi mente captaba ese malestar y reaccionaba a él con tristeza. Durante ese tiempo, ya meditaba a diario, así que mucho de lo que albergaba en mi interior ya estaba aflorando para afrontarlo. La tristeza se centraba en mis sentimientos presentes de inadecuación, pero estas pesadas emociones eran mucho más antiguas. Cuando comienza la sanación, a veces las emociones fuertes que afloran son provocadas por el presente, pero, en realidad, lo que sientes hunde sus raíces en tu pasado. Más tarde, me di cuenta de que cada vez que surgía la tristeza en mi interior, mi mente simplemente se estaba limpiando. Seguir meditando durante ese tiempo me ayudó a procesar de forma más eficiente toda esa tristeza estancada que estaba en mi subconsciente desde que era un niño. Tanto en la vida cotidiana como en la meditación, se convirtió en algo que había enfrentado durante años. El cambio se produjo gradualmente con el tiempo. Cuando aparecía, sentía su peso y le ofrecía aceptación. Con el tiempo, su peso desapareció. De vez en cuando, todavía siento tristeza, pero no con la misma fuerza abrumadora que antes.

soltar más de una vez
soltar cuando un viejo patrón
quiere arrastrarte al pasado
soltar cuando las narrativas
se desboquen en tu mente
soltar cada vez que trates
de causarte problemas adicionales
hay sanación en la repetición
pronto, la paz se sentirá familiar

Soltar es, en esencia, la profunda aceptación del momento presente. Para poder aceptar lo que es, tenemos que renunciar a nuestro control sobre cómo queremos que sean las cosas. El proceso transformador de soltar es un viaje gradual. Tenemos que entrenarnos con lentitud para dejar de vivir en el pasado y soltar el equipaje emocional que llevamos. Incluso, cuando hayamos conseguido sanar nuestro pasado, este volverá a presentarse en forma de caminos potenciales que nos llevan de vuelta al viejo comportamiento, pero, a medida que nos sintonizamos con el presente, podemos cambiar nuestra relación con las alternativas que aparecen en nuestra mente cuando suceden cosas difíciles. Esto no significa suprimir o ignorar el pasado. Con el transcurrir del tiempo, a medida que elegimos comportarnos de un nuevo modo que honra más el presente que el pasado, se debilita la tendencia a comportarnos de la misma manera que antes. *La forma en que enfocamos nuestra energía mental puede determinar el futuro de nuestra vida.*

Sin darnos cuenta, tendemos a aferrarnos a cualquier tensión que pueda surgir en lugar de soltarla. Como seres humanos, una de las grandes luchas que enfrentamos es que estamos en un proceso de acumulación constante, que imprime profundamente en nuestro subconsciente modos de comportarnos y de sentir cada vez que reaccionamos. Ya sea por una situación externa grave que desencadena tensión o por una narrativa imaginaria que empieza a invadir nuestra mente, la reacción inmediata no es volver a la realidad y utilizar nuestra energía mental para recuperar el equilibrio, sino que nos quedamos atrapados en un bucle en el que sumamos tensión a la tensión existente.

La mayoría de nuestras reacciones son impulsivas. Cuando las emociones se disparan, nos lanzamos a toda prisa a alimentarlas y a hacerlas más fuertes, sin darnos cuenta de que este comportamiento solo refuerza cómo nos sentiremos en el futuro cuando surja una situación similar. Una y otra vez, la mente contempla el presente a través de la lente del pasado, lo que nos mantiene en un estado de repetición y frena nuestra capacidad de comportarnos y pensar de forma nueva.

Aferrarse es una táctica de supervivencia que nace del miedo y la escasez. El miedo es el ansia de seguridad. Una mente dominada por el miedo es una mente que sigue en modo de supervivencia. Incluso cuando hay una relativa calma en nuestro entorno externo, una mente que vive en modo de supervivencia adopta una postura defensiva y a menudo explora escenarios imaginarios de lo que podría salir mal como una forma de estar preparada. No hay nada de malo en estar atentos a nuestra seguridad, pero es fácil llevar esto a un extremo, en el que nuestra ansiedad esté siempre en alerta máxima. Vivir con miedo nos aleja de la paz.

Antes de poder entender cómo soltar, tenemos que comprender a qué nos estamos aferrando. Más allá del nivel básico de permanecer apegados a la forma en que queremos que sean las cosas, también hay una serie de conceptos erróneos arraigados en nuestra psique que nos impiden ser completamente libres. Es útil examinar a profundidad algunas áreas comunes que causan gran parte de esa lucha interna. Cuando sabemos en dónde están las dificultades, tenemos la oportunidad de abordar y deshacer los bloqueos que se interponen en nuestro camino.

Los problemas que nos causamos a nosotros mismos

Si estás abierto a experimentar una profunda transformación, tienes que aceptar el hecho de que gran parte de tu lucha es autoimpuesta. ¿Cuántas veces tu imaginación ha perturbado un momento de perfecta tranquilidad? ¿Cuántas veces tu ansiedad te ha impedido disfrutar plenamente de la abundancia que tienes delante? ¿Cuántas veces has esperado con paciencia un momento concreto y, una vez allí, tu mente empieza a pensar en lo que le falta? Siempre hay algo más que desear. La mente tiene un fuerte patrón que la inclina hacia la insatisfacción. Se dedica a analizar las cosas sin darse cuenta de que, en el proceso, socava su propia alegría.

Ser dueño de tu poder también significa ser responsable de tu felicidad y de tu sanación. Al hacerlo, eres capaz de manejar las cosas que sí están bajo tu control. Resulta más fácil vivir culpando siempre a otras personas de cualquier tensión que sientas en tu mente, dejándote llevar sin una dirección clara, y permitiendo una y otra vez que tus sentimientos actuales se rijan por los momentos difíciles que sucedieron en el pasado. Pero debes saber que cuando dejes de ser la víctima y asumas la responsabilidad de tu vida te sentirás mucho mejor. Aunque muchos hemos sufrido graves traumas y algunas personas nos han hecho un daño increíble, si queremos reparar y sanar las huellas que sobrecargan nuestro subconsciente y sesgan nuestra percepción, tenemos que aceptar el arduo trabajo de convertirnos en nuestro propio héroe. No hay otra alternativa. Cuando se trata de ti y del funcionamiento interno de tu mente, nadie tiene el poder o la autoridad para salvarte como tú lo puedes hacer. Lo único que pueden hacer los terapeutas, los profesores de meditación, los consejeros y los entrenadores es guiarte para que recuperes tu propio poder. Un guía no es un salvador. Un guía es tan solo la persona que puede mostrarte cómo recorrer el camino correcto para que puedas vivir finalmente sin tener que llevar tantas cargas mentales.

Muchos creemos que otras personas son las causantes de todo nuestro estrés y tensión internos. Y si cambiaran, nos dice nuestra cabeza, nuestra vida mejoraría de forma radical. No reconocemos los problemas que nos causamos a nosotros mismos. Claro que podría ser muy útil que las personas que te rodean cambiaran, pero no es algo sobre lo que tengas control, en especial si quienes te rodean son en verdad nocivos. No puedes obligarlos a cambiar. En estas situaciones, lo mejor es que te apoyes en tu propio poder y te alejes del daño que se te avecina. No importa lo que les digas, solo ellos pueden cambiar. Y su transformación solo puede venir de su interior. Puedes servir para inspirar, pero no puedes recorrer el camino por nadie más.

Pensar que la única fuente de estrés es externa es una ilusión en la que todos caemos hasta que tomamos conciencia y ponemos atención a la forma en que se mueve nuestra mente. Es cierto que la gente puede hacernos cosas malas o dañinas, pero la forma en que percibimos y reaccionamos a lo que ocurre está en nuestra propia mente. La intensidad de nuestra reacción marca el tono de nuestro nivel de estrés: cuanto mayor sea la reacción, mayor será el estrés. Si nuestro pasado ha estado lleno de estrés, eso puede hacer que nuestra reacción a este último se desencadene con mucha más facilidad. Cuando eso ocurre, cosas aparentemente pequeñas pueden provocar reacciones de estrés muy desproporcionadas. La mejora más importante en tu vida será el resultado del cambio en ti mismo. Dado que la cantidad de estrés que experimentas depende de la intensidad de tu reacción, la única solución que está bajo tu control es cambiarte a ti mismo. Señalar todo el tiempo con el dedo a otras personas nunca hará que tu estrés desaparezca. El único camino hacia la felicidad es desarrollar una mayor conciencia de ti mismo, combinada con una mayor sabiduría respecto a la condición humana. Parte de la liberación es reconocer que somos una función de nuestro pasado. Como resultado, por lo general, nuestros caprichos emocionales tienen un gran poder sobre lo que pensamos, decimos y hacemos. A menudo, lo que hacen los demás tiene muy poco que ver con nosotros y mucho con lo que sienten en ese momento y con la densidad de la historia emocional que arrastran.

Todo cambia cuando te das cuenta de que el reto en sí no es lo más difícil, sino que es tu reacción al reto lo que llena tu mente de tensión y lucha. Antes de que puedas liberarte, primero tienes que entender cómo te haces las cosas más difíciles. Muchos no nos damos cuenta de cómo nos quedamos atrapados en un bucle reactivo, permitiendo siempre que los acontecimientos externos dicten cómo nos sentimos, sin aceptar plenamente que nuestro verdadero poder surge del entrenamiento de nuestra mente para observar. Si pasaras más tiempo observando que reaccionando, empezarías a notar cómo la ausencia de reacción también significa la ausencia de tensión. La ausencia de reacción es, en esencia, una profunda capacidad de soltar. Si has pasado toda tu vida reaccionando, no esperes que tu capacidad de observación se perfeccione de la noche a la mañana. Se necesita tiempo e intención para romper un hábito que se ha repetido innumerables veces.

Es fundamental que dejes atrás la creencia pasiva de que no tienes poder sobre tu situación mental. La principal fuerza que afecta a tu estado de ánimo es la reacción. La reacción a no sentirte bien te hace sentir peor. La reacción a algo que no te gusta te empuja a la ira. La reacción crea el fuego de una mente agitada y luego alimenta continuamente ese fuego, haciéndolo más caliente y envolvente. Cuando comprendas que gran parte de tus problemas internos se basan en reacciones incontroladas, empezarás a ver cómo la gestión de tus reacciones puede ayudarte a mejorar tu vida. Controlar las reacciones no significa reprimir las emociones. Ser honesto contigo mismo significa abrazar todas tus emociones sin rechazar las que son más difíciles de sentir. La gestión de las reacciones requiere que desarrolles una comprensión más sutil de lo que ocurre en tu mente cuando las cosas se ponen difíciles.

Por lo general, cuando surgen nuestras emociones, permitimos que nos superen y *nos convertimos* en ellas. Dejamos que la emoción intensa tome las riendas y gobierne nuestra percepción y comportamiento. Gestionar nuestras reacciones significa ser conscientes de cuándo ha aparecido una emoción difícil y comprender que, aunque tengamos una reacción inicial, no necesitamos seguir alimentándola. Podemos honrar el hecho de que la emoción está ahí sin convertirnos por completo en ella. En lugar de lanzar más fuego sobre esa emoción, nos centramos en observarla y nos recordamos a nosotros mismos que esta emoción cambiará, con el tiempo, como lo hacen todas las cosas. *El mayor activo para la transformación personal es la conciencia.*

Una vez que dirijas tu atención hacia el interior, empezarás a ver más opciones que la mera repetición del pasado. Soltar puede ser complicado, pero se trata tan solo de cultivar tu capacidad de observarte con claridad. Si no puedes observarte a ti mismo, entonces no hay otra opción que seguir reaccionando de la manera en que lo has hecho antes. Pero ser capaz de percibir ese espacio sutil y sacarte de las reacciones incesantes supone una gran diferencia. Poder notar la reacción inicial y luego tomarte tu tiempo para evaluar de forma intencionada lo que está ocurriendo en tu interior te ayuda a responder con serenidad, observando tus emociones momentáneas en lugar de dejarte arrastrar por ellas.

Resistencia al cambio

La respuesta más común al cambio es la resistencia. Deseamos mantener nuestra juventud y anhelamos una salud sin igual. Queremos que las personas que amamos no nos abandonen nunca. Deseamos que los momentos agradables y los tiempos fáciles permanezcan siempre. La mente humana llega incluso a ignorar que el cambio es una posibilidad para poder mantener la ilusión de que las cosas buenas duran para siempre. Nuestro deseo de cosas agradables es a veces tan fuerte que ni siquiera queremos reconocer que ocurren situaciones difíciles.

Resistir al flujo del cambio te causará una cantidad inconmensurable de conflictos. Es como tratar de remontar río arriba a contracorriente. Puedes pasar innumerables horas luchando contra el cambio sin ningún éxito real: el cambio siempre ganará. Si tan solo te dejas llevar y te permites avanzar con el flujo de la naturaleza, seguirás encontrando desafíos ocasionales, pero no añadirás tanta presión mental como antes. Si quieres construir la armonía en ti mismo, tienes que permitirte vivir en armonía con esta ley fundamental. Abrazar el cambio es el camino para aliviar y, con el tiempo, erradicar el sufrimiento. El cambio es la verdad que une el arco del universo.

Si pasas demasiado tiempo temiendo el cambio, no conseguirás celebrarlo. Todo en el universo de la mente y la materia existe gracias al movimiento del cambio. Todos los niveles imaginables, desde el atómico hasta el molecular, pasando por el mental y el convencional, en el que los seres humanos interactúan a diario, están en constante movimiento. Esta cualidad universal y efímera es omnipresente y afecta a la realidad, seamos o no conscientes de ello. Sin la corriente subterránea del cambio, la vida misma no sería posible.

Nuestra relación con el cambio define el nivel de paz de nuestra mente. Las personas más sabias y felices que he conocido están continuamente inmersas en la verdad del cambio. Como dejan de perseguir el peso de la eternidad, se mueven con facilidad a través de los altibajos de la vida y tratan cada momento con más autenticidad que la persona común.

soltar

Un profesor de meditación al que admiro lleva más de cincuenta años meditando en la misma tradición de Vipassana de la que formo parte. Es una de las únicas personas que conozco que no tiene ninguna reacción evidente cuando reflexiona sobre su propia impermanencia. Su sabiduría surge de su desprendimiento del sentido del yo y de su concentración en utilizar su vida como un vehículo de servicio. Su capacidad de vivir más allá del ego le hace estar aún más conectado a la vida y a los momentos que habita. Mientras caminábamos juntos un día, hablamos del futuro, un futuro que ocurriría mucho después de que él se hubiera ido. En sus palabras no había tristeza, ni cautela, ni apegos a cómo debían hacerse las cosas cuando llegara ese momento. No buscaba ningún tipo de gloria, ni ansiaba ser recordado. Lo que más resaltaba era la felicidad tácita que brillaba en su larga vida de servicio y cómo la idea de su propia muerte no le causaba ningún temor.

Dado que los seres humanos centramos nuestra conciencia en el nivel convencional, es fácil olvidar que siempre están ocurriendo cambios grandes y pequeños, y que siempre seguirán sucediendo. La rápida velocidad de los cambios a nivel atómico es tan difícil de comprender para la mente que resulta fácil de ignorar. Los cambios más lentos de los planetas y las estrellas parecen tan lejanos que también es fácil ignorarlos. Incluso en nuestra vida personal, la impermanencia es una idea tardía hasta que ocurre algo significativo que hace que esta verdad sea inevitable. Las emociones difíciles parecen permanentes cuando las experimentamos, y reaccionamos ante ellas como si fueran a durar para siempre, olvidando que desaparecerán y otras ocuparán su lugar.

Todas las cosas que amamos nacen porque los altibajos del cambio les han dado forma. Las personas que apreciamos, los momentos que nos alegran, el amor que sentimos, las victorias que nos ayudan a sanar y a vivir mejor... es el cambio el que facilita todas estas cosas. Si todas las cosas fueran estáticas, no habría nada nuevo. Nuestra propia vida es producto del cambio.

Todo es impermanente, por muy dulce o difícil que sea. Cuando la conciencia del cambio madura, elimina el apego y deja espacio para una presencia amorosa que acepta pacíficamente que todas las cosas surgen y acaban por desaparecer. Si bien es cierto que el cambio es fácil de reconocer cuando se lleva las cosas (los finales son más ruidosos que los principios), si queremos lograr un equilibrio mental saludable, tenemos que honrar el hecho de que el amor, la alegría y la compasión —las partes más dulces de la vida— en realidad se vuelven más fuertes y claras cuanto más abrazamos la realidad del cambio. En lugar de odiar pasivamente el cambio, es mejor que intentemos comprenderlo. El cambio puede quitarnos cosas, pero también es el gran dador que nos llena de felicidad y sabiduría. Muchas luchas mentales tienen su origen en la resistencia al cambio. Cuando la mente se sintoniza con el cambio, la insatisfacción y la lucha mental disminuyen de forma natural. *Uno de nuestros mayores enemigos mentales es la lucha contra el cambio. Gran parte de nuestra tensión interior proviene de nuestro apego a mantener iguales las partes agradables de la vida, que finalmente se estrellan contra las costas del cambio.*

No es posible congelar el tiempo ni borrar los momentos. Para ser capaces de soltar y avanzar con más facilidad a través de las ondulantes colinas del cambio, debemos cultivar una apreciación de la corriente continua de comienzos y finales. Al igual que algunas personas tienen momentos en los que sienten intencionadamente gratitud, tomarse momentos para recordar que el cambio está ocurriendo dentro de nosotros, a nuestro alrededor, y que seguirá provocando los altibajos de la vida puede tener un impacto positivo en nuestra mentalidad. Puesto que no podemos escapar al cambio, no hay otra opción que aceptarlo plenamente.

Alguien me preguntó hace poco: "Si pudieras resumir en una palabra lo que estás aprendiendo en esta vida, ¿qué sería?". Era algo en lo que había estado pensando mucho, así que la respuesta llegó rápidamente: impermanencia.

El cambio ha sido mi mayor maestro, y mi rechazo al cambio ha sido mi mayor causa de dolor. Antes de la sanación, cuando me refugiaba constantemente en el falso santuario del placer, recuerdo que en cuanto pasaba un momento placentero o se acababa la fiesta, mi mente no se sentía tranquila ni satisfecha. Para calmar el síndrome de abstinencia, volvía a mi habitación y me adormecía con marihuana hasta que me desmayaba. En aquel entonces no comprendía que el obstáculo contra el que me estrellaba era esa tensa determinación de evitar el malestar mental, que se basaba en mi rechazo al cambio como parte natural de la vida. Hacer las paces con la verdad del cambio podría haberme ahorrado mucha miseria en aquellos días, pero en última instancia ese sufrimiento me hizo buscar el camino que me ayudaría a vivir una vida mejor. No entendía que cuando no aceptamos el cambio, un momento maravilloso pierde su vitalidad porque la mente empieza a sentir muy pronto la ansiedad de que se acabará. De igual modo, los momentos difíciles se sienten como un castigo interminable porque el cambio no ha hecho que la mente se equilibre en la comprensión de que, antes o después, también llegarán a su fin.

Todo en la historia de la mente y de la materia tiene un principio y un fin. Nuestro miedo a que los finales arruinen los bellos momentos de la vida es, en realidad, paradójico. Cuando vivimos con la verdad del cambio, todo lo que es bueno se vuelve más brillante y todo lo que es difícil se vuelve más tolerable.

Tu yo real

Existe una idea errónea de que tu verdadero yo solo se ve a través de tus pensamientos y palabras sin filtro, el tú que surge sin ningún tipo de procesamiento reflexivo. Sostienes tu reacción inmediata en un pedestal. Como resultado, crees que define tu identidad y revela el núcleo de lo que eres. En realidad, esto es completamente falso. Tu verdadero yo no es tu reacción inicial. Tu verdadero yo es la respuesta que viene después de tu reacción. *El verdadero tú es el que puede escapar de las garras del pasado y producir una respuesta auténtica basada en el presente.*

Tu reacción inicial es tu pasado revelándose. Seas o no consciente de ello, la forma en que te has sentido está retenida en gran medida en tu interior. Tu percepción evaluará todo aquello que encuentres en la vida actual por sus similitudes con lo que has sentido en el pasado. Si ves o sientes algo asociado a una reacción negativa, reaccionarás de la misma manera en el presente, incluso si tu evaluación de lo que ocurre es exagerada e incorrecta. Para la mayoría, nuestra percepción está coloreada por completo por nuestro pasado y nuestras reacciones buscan repetirse sin cesar. La mente se mueve con tal rapidez que parece que somos auténticos, cuando en realidad estamos dejando que nuestras experiencias pasadas dicten cómo nos sentimos en el presente. A veces, cuando algo nos molesta, nos sentimos justificados para expresar nuestra rabia gritando o para externar nuestra frustración en voz alta, pero esto no es un signo de autenticidad. Esto solo revela que estamos atrapados en un ciclo en el que nuestra mente está sobrecargada de una tensión que sigue intentando alimentar su propio fuego. Por eso, reducir la velocidad y hacer una pausa nos ayudan a recuperar nuestro equilibrio en el presente. Tómate un momento para procesar lo que está ocurriendo y alinear tus acciones con la forma en que quieres presentarte en el mundo. Esto es un indicador mucho más fidedigno de quién eres en realidad que las cosas que tu mente suelta sin ton ni son. Deja de lado la idea de que lo que eres es lo que haces impulsivamente y vuelve a centrarte en el hecho de que la autenticidad es una cualidad que requiere ser reforzada y cultivada. Acepta también que tu ser auténtico puede cambiar y madurar con el tiempo: no estás atascado en viejas ideas, patrones e identidades.

Ser intencional es lo mismo que ser auténtico. Estar en consonancia con tus valores y con la versión de ti mismo que estás cultivando es el aspecto fundamental de la autenticidad que abre la puerta a tu verdadero yo. *Sin intención, no tendrías rumbo. A través de la intención, revelas quién eres realmente.*

Dejar que tu yo del pasado domine tus pensamientos, palabras y acciones del presente es perder la oportunidad de vivir plenamente tu vida. Hacer esto significa que estás atrapado en un bucle en el que repites sin cesar el pasado y refuerzas patrones que no necesariamente mejoran tu felicidad. Reforzar el pasado te mantiene estancado, eso puede parecer fácil de momento porque el pasado es familiar, pero a la larga no te servirá. El río de la vida busca que abraces el cambio.

Apegos

La mente combate el flujo natural del cambio al permitir que la mayor parte de su motivación provenga del deseo. Esta forma de deseo se convierte con rapidez en apego que trata de moldear la realidad en algo que no es. El deseo es un rechazo de la realidad tal como es, y lleva nuestro enfoque a imaginar lo que falta o cómo desearíamos que fueran las cosas. Cuando nuestro deseo de que las cosas sean de una manera determinada se combina con la tensión, surge la ansiedad. Cuando nos aferramos a una idea concreta y hacemos que nuestra "felicidad" dependa de que se cumpla, ya no estamos viviendo el momento presente, sino que nos esforzamos por controlar la realidad. El deseo constante de que las cosas sean de un modo determinado se conoce como "apego".

Una nota rápida: en esta sección y en todo el libro, la palabra *apego* no se entiende en el sentido occidental común ni en la forma en que se describe en la "teoría del apego" de la psicología moderna. La comprensión del apego aquí deriva del sentido oriental original que proviene de las enseñanzas de Buda.

Los apegos con los que lucha la mente nacen del deseo y, como comprendió Buda hace 2,600 años, esta es la causa de nuestro sufrimiento. El deseo es lo que mantiene la mente llena de tensión y lo que nos impide estar plenamente presentes.

El dolor y el apego van unidos. Cuando alguien dice algo contrario a lo que nos gustaría que dijera, o, peor aún, cuando aquello a lo que estamos apegados ya no existe porque el flujo del tiempo lo ha erosionado, el dolor que sentimos es tremendo. Cuanto más profundamente nos identificamos con algo, más se aferra a ello nuestro ego. Cuanto más ligero sea el apego, menos dolor habrá. Cuanto más profundo sea el apego, más dolor mental habrá cuando nos sea arrebatado. La mente humana no se limita a tomar información, sino que evalúa esa información y forma una relación con ella que está envuelta en tensión. De manera constante, la mente crea imágenes de las cosas que encuentra y las vincula a una narrativa particular. A través de la acumulación de estas narrativas, terminamos por alejarnos cada vez más de la realidad. Esto es especialmente cierto cuando se trata de las personas que amamos, ya que ese amor suele estar enredado con apegos. Deseamos que nuestros seres queridos vivan sus vidas de determinada manera y tomen decisiones que se alineen con la forma en que nosotros decidiríamos las cosas. El amor que sentimos por nuestros seres queridos a menudo se ve empañado por un impulso interno de controlarlos, aunque sabemos que el verdadero amor es apoyar su libertad.

Fui la primera persona de mi familia en graduarse en la universidad. Atravesar el terreno desconocido de los exámenes de ingreso a la educación superior, las solicitudes universitarias, la ayuda financiera y los préstamos estudiantiles sin el apoyo de un adulto me pareció abrumador, pero me las arreglé para superarlo. Cuando llegó el momento de que mi hermana pequeña pasara por los mismos obstáculos, quise estar allí para compartirle todo. No me di cuenta de que estaba muy apegado a ayudarla. Mi afán se revelaba en nuestras conversaciones. No la escuchaba bien y no le daba espacio. Es una persona increíblemente inteligente e independiente, pero mi deseo de ayudarla desperdició un momento que podría habernos acercado si me hubiera limitado a ofrecerle consejos cuando me los pidiera. Se dio cuenta de que lo mejor para ella era encontrar su propio camino a través del proceso sin mi ayuda y la aceptaron en una escuela fantástica. Ese momento me enseñó a ser menos pedante y a verla como una igual, a reconocerla plenamente como adulta. Ahora nuestra relación tiene más armonía, porque me centro en hacer preguntas en lugar de enseñar.

Nos apegamos con facilidad porque a menudo existimos en un estado de reacción constante, en el que nuestra mente hace evaluaciones agudas en voz alta o en silencio con respecto a todo lo que encuentra: me gusta esto, no me gusta aquello, quiero más de esto, mantén esto lo más lejos posible de mí, etc. La mayoría de estos juicios rápidos se producen sin que nos demos cuenta. Tenemos apegos evidentes a las cosas que deseamos, pero a menudo no nos damos cuenta de que también estamos profundamente apegados a las cosas que odiamos o hacia aquellas que nos despiertan aversión.

El apego en sí mismo es tan seductor porque nos hace sentir que podemos tener seguridad, que si mantenemos cerca de nosotros las cosas que deseamos y defendemos con vehemencia las narrativas que elegimos, estaremos a salvo. El propio apego se basa en la ilusión, porque la mayoría de las imágenes mentales que creamos y en las que nos apoyamos se basan en narraciones que no son del todo veraces. El apego tiene una cualidad seductora: nuestra mente se inclina hacia él, así que ¿por qué no seguir avanzando en esa dirección? Aunque nos llene la mente de tensión, seguimos profundizando en el apego para ver si la próxima vez las cosas pueden ser diferentes. Si conseguimos ese objeto material tan bonito o alcanzamos el siguiente hito profesional, o si los demás nos ven como queremos que nos vean —con amor y admiración—, creemos que por fin seremos felices. Pero las únicas certezas que nos esperan son la insatisfacción y más deseo. El apego es un patrón enorme, posiblemente uno de los más grandes. Y cada vez que creamos otra imagen mental en torno a la cual envolvemos nuestra identidad, hacemos que el patrón sea más denso y más propenso a ocurrir una y otra vez. Ver el apego como una forma de seguridad es uno de los mayores espejismos en los que ha caído el ser humano. La realidad es que no hay seguridad en el apego; a través de él no encontraremos más que dolor, confusión y desorientación. La verdadera seguridad solo puede encontrarse en un profundo abrazo a la impermanencia.

Todo apego es una forma de rebelión contra la impermanencia. Es muy difícil lograr que las cosas u otras personas existan de una manera muy específica cuando lo único que podemos controlar de verdad son nuestras propias acciones. Está claro que todos estamos conectados y nos influimos unos a otros de formas grandes y pequeñas, pero ni siquiera la persona más rica puede controlar todo y a todos los que le rodean. El apego suele manifestarse primero en la mente y luego se filtra en el mundo exterior como un intento de control. Como todo está en constante cambio, tenemos pocas posibilidades de satisfacer todos los deseos que tenemos. Si siempre nos dejamos llevar por nuestros deseos, pasaremos demasiado tiempo en nuestra imaginación y muy poco en el momento presente. La presencia es posible cuando observamos activamente lo que es real dentro y alrededor de nosotros. Una presencia profunda requiere no solo ser conscientes, sino también un grado de desprendimiento para poder asimilar lo que ocurre sin proyectarnos en ello.

Además de comprender por qué el deseo es la causa de nuestro sufrimiento, Buda arrojó luz sobre nuestro apego a la perfección y nuestro profundo deseo de una vida sin problemas. Los altibajos de la vida están por completo fuera de nuestro control, y las olas se estrellarán contra nuestra vida queramos o no. Nadie sabe lo que le depara el futuro, pero sabemos que no todo será dichoso, ni siquiera agradable. Hay un elemento de insatisfacción que acompaña a la vida. La insatisfacción se arraiga con tal profundidad en el tejido de la realidad que es prácticamente inevitable, a menos que erradiquemos las raíces de la ignorancia, el deseo y la aversión que mantienen la mente envuelta en la tensión. Esto es posible, pero es una meta en verdad elevada, un estado de evolución humana supremo. Sin embargo, el hecho de que el sufrimiento y la insatisfacción de la vida sean realidades no significa que no podamos cultivar nuestra felicidad en medio de las vicisitudes de la vida. No tenemos que erradicar todo el sufrimiento para que nuestra vida sea más feliz y pacífica. Podemos recorrer este camino paso a paso y beneficiarnos de nuestra sanación en ese proceso.

Esta verdad del sufrimiento te guía hacia el interior y te hace preguntarte dónde empieza el sufrimiento; con la debida perspicacia te señalará tus propias reacciones mentales. La verdad del sufrimiento puede parecer abrumadora e inevitable, pero refleja su propio poder: pone de relieve el potencial de la libertad y la felicidad reales. Si el sufrimiento es real, también lo es la felicidad. Si el sufrimiento nace de la ignorancia, la felicidad puede nacer de la sabiduría. Si el sufrimiento se incrementa por la falta de conciencia, un aumento de la conciencia puede ayudarte a alcanzar un estado de menor tensión mental.

Los apegos frustran nuestro camino hacia la felicidad y llenan nuestra vida de dolor mental. Tanto nuestros apegos como la verdad del sufrimiento apuntan al hecho de que dejar ir es nuestro único camino de crecimiento. Es cierto que podemos controlar algunas cosas, pero son muy limitadas y son mucho menos de lo que al ego le gustaría creer. Si queremos más armonía en nuestras vidas, si queremos tener un mayor acceso a la felicidad, si queremos vivir alineados con la naturaleza, tenemos que desechar la idea de que el apego nos dará seguridad y felicidad. El único camino real para avanzar es el de soltar. Incluso con la verdad del sufrimiento, una vez que soltamos nuestro deseo de que las cosas sean siempre emocionantes, pacíficas y buenas, ganamos mayor flexibilidad que nos impedirá sentir tanto dolor mental cuando la vida se ponga difícil. Un camino prometedor hacia la seguridad, aunque parezca paradójico, es dejar ir, soltar. Cuando no estás apegado a nada, no hay camino hacia el dolor. Cuando no estás apegado a nada, la felicidad aparece en abundancia. No hay nada de pasivo o frío en el hecho de soltar; en realidad, te ayuda a tener una vida mucho más activa, excepto que ahora estarás viviendo alineado con la verdad de la impermanencia. Sí, hay cosas y personas que amas, pero siempre están cambiando. Estarán contigo durante algún tiempo, y al final también se irán, como todo lo demás. Si aceptamos la verdad del cambio, dejar ir se vuelve más claro. Podemos disfrutar de las cosas cuando están cerca y podemos ayudar y ser útiles siempre que sea posible, pero no esperaremos que nada dure para siempre, en especial del mismo modo en que las cosas existen en la actualidad, porque eso simplemente no es posible.

También podemos tener objetivos y planes para el futuro, pero sin esperar alcanzarlos todos en un tiempo determinado. Cuando dejamos de luchar contra la verdad del cambio, resulta más natural soltar nuestros apegos y, en el acto de dejar ir, el amor que sientes por lo que aprecias se volverá más puro porque no predominará el elemento de control. La serenidad es posible cuando dejamos de cargar el creciente equipaje de imágenes mentales, alimentadas por el deseo o la aversión. Sin darnos cuenta, nos agobiamos al existir en un estado de juicio: juicio del momento presente. El deseo mental se transforma en piedras en la mente. Si reconocemos a qué nos estamos aferrando, tenemos la oportunidad de dejarlo ir.

El control del ego

Nuestro ego es muy útil en situaciones de supervivencia, pues nos ayuda a protegernos a nosotros mismos y a nuestros seres queridos. Pero una vez que pasamos esa etapa, el ego puede ser un gran obstáculo. El ego nos da un sentido rígido de nosotros mismos y quiere que los demás nos perciban de una determinada manera. Al ego le cuesta apreciar las diferencias de opiniones y puntos de vista. Una causa común de conflicto interno es cuando alguien cercano toma decisiones que nosotros no haríamos. Nuestro impulso inicial es querer que piensen y actúen como nosotros. Hay una sensación de confort que el ego siente por la uniformidad: cuando nuestra familia, amigos y compañeros están alineados con una visión particular de lo que está bien y lo que está mal, sentimos el placer de la seguridad y la tranquilidad de que nuestra visión es correcta. Nuestro ego hará que parezca que actuamos por su bienestar al tratar de convencerlos de que se comporten o tomen decisiones de una manera que nos parezca agradable, cuando, en realidad, es solo la inflexibilidad de nuestro apego la que busca que se ajusten a lo que nos parece adecuado.

Deseas que tus seres queridos sean como tú, que vean el mundo como tú, para que piensen como tú. Tu deseo refuerza el impulso de control del ego y limita el flujo de amor incondicional que hace que las conexiones sean profundas y fructíferas. El amor emana la seguridad y la confianza necesarias para aceptar las diferencias. El amor también te ayuda a admitir cuando te equivocas. El amor comprende que nuestros seres queridos son complejos y que el control nunca los acercará a nosotros.

La gente puede llegar a un número infinito de puntos de vista y conclusiones, lo que significa que el apego a que los demás piensen como nosotros, o nos vean tal y como queremos que nos vean, nunca se verá satisfecho. Siempre habrá diferencias de puntos de vista y opiniones, que se alimentan en parte de diferentes perspectivas y de la creación constante de matices que amplían nuestra visión. Descentrarnos de nuestra propia perspectiva es una habilidad útil que debemos desarrollar porque nos permite apreciar con mayor facilidad la forma en que otra persona ve las cosas. La única opción que abona a nuestra paz interior es encontrar un equilibrio en el que vivamos nuestra verdad sin intentar moldear a las personas que nos rodean. Les podemos ofrecer nuestro punto de vista, e incluso podemos influir en sus decisiones, pero cualquier consejo es mejor si se da sin la intención de controlar. Recuerda: puedes pedirle a alguien que se muestre de una determinada manera, pero no puedes obligarlo a hacer nada. Tiene que ser un acuerdo voluntario que surja de su propia volición.

Soltar requiere tiempo

Ser capaz de eliminar estas viejas reacciones que siguen apareciendo y trazar un nuevo rumbo en nuestro comportamiento es un largo camino que recorrer. A menudo, los condicionamientos que acumulamos se vuelven densos y se amontonan en la mente como sedimentos endurecidos de tiempos pasados. A nivel inconsciente, llevamos estas gruesas capas de hormigón como patrones que siguen afectándonos en el presente. Es posible sanar y soltar, pero lo mejor es ser realistas sobre cuánto llevamos dentro y cuánto tiempo necesitaremos para reconstruir por completo nuestra mente. Ser capaz de adoptar una nueva perspectiva y replantear los viejos problemas no sucede de la noche a la mañana. La sanación no es posible sin paciencia. Y debemos aceptar que soltar es un proceso gradual.

•

si el dolor es profundo
tendrás que soltarlo
muchas veces

Soltar no es un hecho puntual; es un hábito que requiere una repetición constante para fortalecerse. A veces la reacción al dolor es tan profunda que tenemos que observar y liberar la tensión una y otra vez para limpiar por completo la herida. Los patrones de comportamientos específicos pueden estar tan arraigados que, durante nuestro proceso de sanación, podemos sentir que los mismos problemas siguen apareciendo para que los trabajemos. Incluso podemos sentir que no progresamos debido a esos patrones persistentes, pero la realidad es que nos dan la oportunidad de liberar capas más profundas del mismo material.

El propósito de soltar no es borrar las emociones, sino reconocer su presencia y transformar tu relación con ellas. Antes de empezar a sanar, mi miedo era que la tristeza permaneciera por siempre, pero una vez que empecé a abrazar la verdad de la impermanencia quedó claro que, sí, la tristeza había surgido y podría permanecer durante algún tiempo, pero no duraría por siempre. Comprender que solo era algo pasajero hizo que fuera más tolerable y que no fuera un factor tan importante en mi vida diaria. Ser capaz de dejar ir una emoción difícil nos ayuda a estar bien con el hecho de no estar bien.

Soltar alcanza niveles más profundos cuando observas lo que ocurre en tu interior con total aceptación y cuando recuerdas que cada parte de la vida es impermanente. Añadir a la mente más tensión de la que ya existe no mejora las cosas. Cuando la tensión se enfrenta a la aceptación incondicional, tiene el espacio que necesita para desplegarse y liberarse de forma natural. Descargar y afrontar el peso mental de las heridas del pasado nunca es fácil, pero es posible, en especial cuando te sientes preparado para una gran transformación.

Una aclaración

Un temor común es que dejar ir te convierta en alguien pasivo. A menudo nos sentimos tan impulsados por nuestro dolor y nuestro miedo que es difícil concebir otra forma de existir. La realidad es que soltar no te volverá aburrido y, desde luego, no te convertirá en una persona pusilánime. Lo que sí hará es reconfigurar tu mente para que ya no cargues en el presente con el gravoso peso del pasado. Si quieres recuperar tu poder, uno de los pasos esenciales es darte cuenta de cuánto poder has cedido a las heridas del pasado y a tus miedos al futuro. Otras cosas clave que debes considerar son:

El gran peso mental que llevas consume gran parte de tu energía. Resistir, reprimir o luchar contra tus emociones de forma regular te consume silenciosamente. Vivir en una constante batalla interior y tratarte a ti mismo como si fueras un enemigo impide que vivas a un nivel óptimo. Cualquier tensión mental consumirá energía de manera automática, y cuando elimines la tensión añadida, experimentarás una nueva vitalidad.

Dejar ir, en realidad, agudiza la mente al limpiar tu percepción. Dejar ir te ayuda a ver el momento en que estás sin que la lente del pasado nuble tu forma de percibir la realidad. Una mente más ligera y unos ojos más claros dejan espacio para tomar decisiones más sabias. Tu capacidad para actuar con inteligencia y autenticidad mejora en gran medida cuanto más sueltas.

Dejar ir no significa renunciar a tus objetivos. Cuando eres capaz de renunciar al pasado y dejar de temer al futuro, adquieres una mayor conciencia del momento presente, lo que te ayudará a concentrarte y pensar con mayor eficacia. La mejor estrategia para alcanzar tus objetivos será más accesible cuando el peso del pasado ya no limite tu creatividad. Dejar de desear resultados rápidos te ayuda a sentirte cómodo con el proceso de lograr cosas nuevas y difíciles. Si quieres conseguir algo grande, tienes que estar preparado para el largo viaje y ser capaz de ajustar tu estrategia a lo largo del camino.

Dejar ir no borra las cosas difíciles que han sucedido. La clave es soltar los pesados apegos que tienes a estos pensamientos. Los recuerdos seguirán apareciendo de vez en cuando, incluso después de que se haya producido una sanación profunda, pero sabrás que tu esfuerzo ha valido la pena cuando ya no reacciones a estos viejos recuerdos con la misma intensidad que antes. Como señal de victoria, puedes dejar pasar los pensamientos y emociones difíciles sin que dominen tu mente o controlen tus acciones.

Dejar ir no te convierte en alguien frío. Dejar ir, en realidad, disminuye el egocentrismo y permite que el amor surja de un modo más incondicional y con mayor fuerza. Es difícil quererse bien a uno mismo y a los demás cuando la mente está consumida por la tensión y el deseo de control. El amor brilla más cuando se comparte en el momento presente. Cuando te sometes al proceso de dejar ir, obtienes un mayor acceso al aquí y al ahora.

En última instancia, dejar ir es un estado mental de claridad, en el que dejas de provocarte sufrimiento adicional. Es fundamental que comprendas que soltar te beneficia, pero el siguiente paso es encontrar tu práctica para que puedas empezar tu propio trabajo de sanación profunda. Querer soltar y tener las herramientas que te apoyen en este proceso son dos cosas muy diferentes.

Reflexiones

- ¿De qué manera te haces las cosas más difíciles?
- ¿Qué necesitas soltar? ¿Aguantar te hace sentir seguro, aunque te duela? ¿Tienes miedo de cómo será la vida después de soltar? ¿Qué más necesitas aceptar para soltar del todo?
- ¿Cuál es tu relación con el cambio? Cuando te resistes a él, ¿ves cómo tu mente estalla en tensión?
- ¿Te estás dando el tiempo que necesitas para soltar? Dado que soltar también requiere un esfuerzo intencionado, ¿creas un espacio para soltar activamente?
- ¿Tu ego quiere el control?
- ¿Cómo ha influido tu pasado en tu forma de reaccionar?
- ¿Te estás dando el tiempo que necesitas para responder de forma intencionada a la vida, en lugar de dejar que tu pasado hable a través de tus reacciones?

cómo encontrar
tu práctica

Me adentré en la meditación Vipassana porque sin duda ayudó a sanar a mi amigo Sam, pero en especial me impresionó cuando comprendí que era un camino de liberación.

Mi experiencia como líder del Proyecto de Organización de la Juventud de Boston (BYOP) al final de mi adolescencia me hizo ver lo poderoso que puede ser un grupo de personas. Allí fue donde comprendí por primera vez la idea de la liberación colectiva en el contexto de deshacer los sistemas de opresión. Pero las ideas de liberación interior de Vipassana se centran en disolver el deseo que provoca el sufrimiento dentro del individuo. Adquirir esta nueva comprensión de la liberación personal me provocó una cascada de conexiones. Y es lo que me faltaba. Sabía lo poderoso que era trabajar con un grupo en torno a una causa común, pero personalmente nunca había experimentado alivio de la tensión que a menudo bullía con gran intensidad en mi mente.

En BYOP abordamos muchos problemas de la comunidad, desde cambiar la forma de interacción entre orientadores y estudiantes de bachillerato hasta conseguir que el gobierno local diera a los jóvenes pases de autobús gratuitos o garantizar más fondos del presupuesto de la ciudad para empleos de verano. No éramos ajenos a la tarea de reunir a la gente, empoderarla y lograr un cambio tangible en nuestra ciudad, pero todas estas victorias no penetraron en lo más profundo de mi mente. Nunca me ayudaron a lidiar con mi tristeza y ansiedad internas. Ningún éxito externo podía sanar mi mente. Ayudar a los demás me parecía bien, pero aún no había encontrado un método para liberar mi mente de toda esa presión. A pesar de lo difícil que fue, después de ese retiro inicial de diez días, mi mente se sintió más sana y ligera que en mucho tiempo, y supe que había alcanzado una comprensión diferente de la liberación. Asimismo complementó mi visión original del poder de la liberación externa colectiva. Quizá si más personas tomaran en serio su sanación y encontraran la liberación dentro de sí mismas, entonces también podríamos sanar y traer más paz al mundo.

Para mí, esta práctica sigue cumpliendo mis objetivos de sanación, me ayuda a avanzar en el camino de la liberación, y me anima a crecer sin presionarme de modo que me sienta abrumado.

Puede que el camino que funcione para ti no sea el que otra persona necesite. Lo que funciona bien para una persona puede ser el enfoque incorrecto para la mente de otra, o tan solo inadecuado en ese momento particular. La sanación requiere que encuentres lo adecuado en tu caso. Dado que todos tenemos un condicionamiento único, nuestra sanación requerirá enfoques únicos y personalizados. Incluso cuando dos personas realizan la misma práctica, la rapidez con la que avanzan y las dificultades y los éxitos que encuentran serán únicos para el desarrollo y la sanación de la historia emocional que llevan a cuestas.

Todo el mundo puede tener una mente más tranquila si aprende a soltar, pero este proceso será diferente para cada uno. Todo el mundo reacciona y cada reacción deja una huella en la mente, pero hay muchas maneras diferentes de hacer el trabajo de desatar y liberar los viejos patrones.

Por fortuna, hoy en día hay una gran cantidad de técnicas de sanación que son más accesibles que nunca. La sanación, el crecimiento personal y la introspección se han extendido tanto que parece que estamos viviendo el comienzo de un renacimiento de la humanidad. ¿Ha habido alguna otra época en la historia de la humanidad en la que tantas personas hayan cultivado de modo activo su conciencia y su paz interior? ¿Ha habido alguna vez una época en la que tantas personas se hayan enfrentado al pasado que arrastran y hayan encontrado formas de deshacer los traumas personales e históricos? Más personas que nunca tienen tiempo para dedicarse a la introspección.

Uno de los resultados positivos de vivir en un mundo globalizado es que las mejores prácticas de diferentes culturas son ahora más accesibles. Muchas técnicas se han incubado y refinado en sus lugares de origen y ahora se están extendiendo por todo el mundo. También vivimos en una época en la que la importancia de la salud mental ha trascendido el ámbito local y se ha convertido en un asunto global. Es posible que los debates sobre la salud mental hayan iniciado como una forma de concienciación, pero ahora impulsan al autoanálisis profundo y al compromiso con la propia sanación.

No solo estamos más abiertos a aceptar nuestras imperfecciones, sino que estamos aceptando aquellos traumas y viejas heridas desde una perspectiva más amplia. Cada vez somos más los que sentimos el peso de nuestro pasado en nuestro presente, y buscamos formas de aliviar la tensión mental porque sabemos que hacerlo mejorará todas las facetas de nuestras vidas. El estigma que rodea a la salud mental está disminuyendo. Ya no tenemos que ocultar las dificultades de nuestra mente como hacían nuestros padres. La sociedad es ahora más receptiva a estas conversaciones más profundas que tratan de lo que necesitamos para pasar de la simple supervivencia al crecimiento.

Ya no es raro tener una mentalidad que abrace el crecimiento, lo mismo si se trata de sanarse a sí mismo como de buscar el desarrollo del carácter en direcciones específicas.

Es importante señalar que tenemos un camino que recorrer para que la sanación sea accesible a nivel sistémico, y no sea solo para aquellos que tienen el tiempo y el dinero para buscarla, sino para todas las personas que sufren, sin importar su origen económico. También nos queda mucho por avanzar en cuanto al respeto de las tradiciones y los pueblos que han creado y mantenido estas prácticas que ahora se extienden por todo el mundo.

Una vez que encuentres tu práctica, confío en que experimentarás un inmenso alivio e incluso emoción. Puede ser muy emocionante tener por fin un método que dé resultados reales. No hay nada de malo en dejarse llevar por nuestro entusiasmo y compartir con amigos y familiares que encontramos una práctica que realmente funciona. Es encomiable compartir las cosas buenas con los demás, pero debemos asegurarnos de no desarrollar un complejo de superioridad. El ego puede apropiarse con rapidez de algo bueno y utilizarlo para crear una jerarquía imaginaria, en la que consideras que tu práctica es mucho mejor que todas las demás y crees que tu manera es la única para que todas las personas sanen. La realidad es otra: tu práctica puede funcionarte bien a ti, pero puede ser el enfoque equivocado para otra persona, e incluso puede que tú mismo la abandones en algún momento.

Consejos para encontrar tu práctica

Si buscas en Google CÓMO SANAR LA ANSIEDAD es muy probable que obtengas más de cien millones de resultados. Lo bueno es que hay algo para ti; lo malo es que tener tantas opciones puede resultar abrumador. Algunas de las técnicas de sanación más populares son la terapia de conversación individual, la terapia de grupo, la psiquiatría, la yoga, la atención plena, las formas de meditación ligeras y las formas de meditación más serias. Dentro de cada una de estas prácticas encontrarás un amplio espectro de estilos. Además, hay muchos más métodos de sanación con los que la gente está obteniendo resultados reales, otros que se están desarrollando recientemente y las combinaciones de diferentes técnicas.

Antes de comenzar tu búsqueda, hay algunas preguntas que debes hacerte: ¿Cuáles son mis objetivos de sanación? ¿Qué patrones necesito soltar y liberar? ¿Qué tipo de práctica me interesa probar? Tener un objetivo te ayudará a acotar el campo y dar a tu mente una trayectoria clara de cómo va a evolucionar. A medida que pruebes diferentes métodos, tendrás que comprobarlo contigo mismo y preguntarte: ¿puede esta práctica ayudarme a avanzar en la dirección de mis objetivos?

La práctica adecuada para ti será aquella que te resulte desafiante pero no abrumadora. Tienes que encontrar tu propio punto ideal, en el que la práctica sea lo bastante ardua como para ayudarte a crecer, pero no tan difícil como para que surjan demasiados patrones pesados y viejas emociones a la vez. Esto puede hacer que te sientas abrumado y detengas el proceso. La clave es elegir una práctica que se adapte a tu condicionamiento. También sabrás que un método es para ti porque sentirás que no estás perdiendo el tiempo. La mayor señal es que tu intuición hará clic y sentirás que es algo a lo que debes dedicar tu tiempo.

Cuando empieces a explorar diferentes prácticas, no te desanimes si lo primero que pruebas no es perfecto. A la mayoría de la gente le cuesta un poco de tiempo y de corazón abierto encontrar lo que funciona. Probar una cosa puede llevarte a otra y, finalmente, llegarás a algo y tu intuición te dirá claramente: "¡Esto es!". Otra cosa que debes tener en cuenta es que, una vez que empieces tu trabajo de sanación, puede que en algún momento estés preparado para profundizar más y busques de manera natural un nuevo método que te ayude a explorar formas más sutiles de antiguas heridas.

A lo largo de tu viaje de sanación, será tu intuición la brújula principal que debes seguir. Muchas personas pueden tratar de darte consejos y puedes ver diferentes alternativas *online*, pero si tu intuición no está por completo alineada con lo que estás haciendo, es una clara señal de que no es para ti. La gente lee su intuición de diferentes formas, pero para mí es una persistencia tranquila que se revela como una certeza, en lugar de un deseo. Se siente más como una totalidad en el cuerpo que apunta con determinación hacia una decisión particular, y es muy diferente de la charla mental que tiene que ver con nuestros deseos. La intuición simplemente sabe, y el mensaje se transmite sin tensión. A menudo, el mensaje persiste con calma hasta que estoy preparado para escuchar su consejo.

En mi caso, una lección importante ha sido ver a mis seres queridos recorrer diferentes caminos para mejorar sus vidas. Tengo familiares y amigos que se han beneficiado muchísimo de la terapia, algunos han recurrido a la psiquiatría y la han encontrado increíblemente útil, y muchos practican técnicas de meditación distintas del estilo de Vipassana que yo practico, y han hecho grandes progresos en su evolución. Los individuos tendrán diferentes objetivos de crecimiento y buscarán sanar temas que son únicos para su condicionamiento. No hay nada de malo en que la gente se mueva a su propio ritmo y asuma los retos internos que se sienta preparada para manejar.

La forma de dar pasos hacia delante —y el número de pasos que decidamos dar— depende de nuestro condicionamiento personal. Lo que importa es que la ayuda está ahí fuera. Hoy más que nunca, es posible dar pasos hacia delante en nuestra evolución personal.

Siempre vale la pena obtener ayuda profesional. No es necesario reinventar la rueda o hacerlo todo uno mismo. Pedir ayuda es una parte importante de la sanación y demuestra mucha fortaleza interior. Si quieres aprender a meditar, aprende de un guía capacitado que tenga mucha experiencia. Si quieres procesar tus emociones intelectual y verbalmente, acude a un terapeuta. Apoyarte en personas con experiencia solo hará que tu viaje de sanación sea más productivo y eficiente.

Desconfía de las técnicas que prometen resultados rápidos o efectos milagrosos y dicen que harán todo el trabajo interior por ti. Nuestra sociedad es adicta a los resultados rápidos y a los remedios caseros, y este tipo de mentalidad se puede colar fácilmente en nuestra idea de sanación. La sanación real es sin duda posible y puede cambiar la vida, pero llevará tiempo: las grandes transformaciones son, por lo general, algo en lo que hay que trabajar. Y eso no tiene nada de malo.

Otra cosa que hay que vigilar es tu propia duda. La duda es una de las formas en que tus viejos patrones tratarán de defenderse. El condicionamiento de la mente quiere repetir el pasado una y otra vez, y tratará de rechazar las cosas nuevas. Cuando busques una nueva técnica, asegúrate de probarla durante unas semanas para poder evaluar si te hace sentir más ligero o más consciente. No podrás evaluar adecuadamente si una práctica es para ti si la abandonas en cuanto se haga difícil. Date el tiempo que necesites para ver si te conviene o no.

Otros pueden ayudar a mostrarte cómo usar una técnica o hablarte de cómo construir la conciencia, pero nada de eso se comparará con el hecho de que tú reclames tu poder y actives las herramientas que te fueron dadas usando tu propio esfuerzo. A fin de cuentas, tú eres la única persona que puede dar pasos adelante en tu camino de sanación; nadie más puede hacer el trabajo por ti. Las personas que se toman en serio la sanación profunda no temen el largo viaje.

Una vez que inicies el proceso de soltar y encuentres una práctica que haga más suave la navegación a través de tu paisaje interno, comenzarán los cambios profundos. Conocerte a ti mismo detona un proceso de transformación que te ayuda a reivindicar tu poder sobre tus viejos hábitos humanos y devolver ese poder a tu verdadera naturaleza humana.

Reflexiones

- ¿Qué prácticas has probado hasta ahora?
- ¿De qué técnicas de sanación has oído hablar que siempre has querido probar y que intuyes que podrían ser adecuadas para ti?
- ¿Hay alguna que te parezca correcta y a la que debas dedicar tiempo y energía?
- ¿Qué tipo de resultados quieres ver en una práctica de sanación?
- ¿Dudas de tu fuerza para hacer este serio trabajo interior?
- ¿Te das cuenta de lo poderoso que eres por haber llegado hasta aquí?
- ¿Estás reservando tiempo para la sanación intencional diaria?

hábito humano frente a naturaleza humana

Durante mucho tiempo, el mundo occidental ha mantenido una visión sombría de la naturaleza humana, al juzgar a los seres humanos como entes fundamentalmente interesados en sí mismos y dominados por la codicia, y al asumir que, en el fondo, pensamos primero en nosotros mismos y luego en los demás. Esta suposición está tan extendida que afecta en buena medida a la forma en que nuestras naciones y empresas interactúan a nivel macro, así como a nuestro modo de relacionarnos a nivel local. La idea de que la codicia es la motivación innata del individuo es tan fuerte que la frase "la codicia es buena", de la película *Wall Street* (1987), sigue siendo un meme cultural que da voz al modo en que muchas personas perciben el valor del pensamiento y del comportamiento egoísta.

A primera vista, puede parecer cierto que las personas son intrínsecamente egoístas. La historia de la humanidad revela numerosos casos de comportamientos colectivos iniciados por la codicia y que han provocado grandes daños: las guerras por la expansión del poder, la colonización de los pueblos para convertir sus tierras en fuentes de riqueza, la esclavización y deshumanización como forma de generar ganancias, la enorme brecha entre ricos y pobres. Sobran ejemplos de cómo la codicia ha motivado acciones que han terminado en devastación. El mundo real sigue controlado, en gran medida, por esta vieja idea de la naturaleza humana, tal como lo evidencia el insaciable afán de lucro que está llevando al clima global hacia un territorio peligroso.

Incluso a nivel individual, existe una falta de confianza entre las personas. La idea del extraño peligroso es omnipresente, porque tememos que su codicia o su malicia puedan causarnos daño. Como no nos conocemos, nos resulta mucho más fácil desconfiar de los demás y centrarnos únicamente en nuestro propio interés y el de nuestro círculo más cercano.

No hay duda de que la codicia es real y que tiene un claro impacto en la forma en que interactuamos a nivel grupal e individual. Pero pensar que esta es nuestra verdadera y única naturaleza, y que no hay nada que pueda hacerse al respecto, refleja una comprensión superficial de lo que significa ser humano. Implica un tono derrotista que no da crédito a la poderosa capacidad de cambio de la humanidad.

Esta idea de la codicia como nuestra naturaleza humana básica proviene de un lugar racional. El deseo desmedido y la aversión son los grandes motivadores del pensamiento, la palabra y la acción humanos, tal como lo señaló el Buda con toda claridad en sus enseñanzas. Pero eso no es todo lo que somos. En la superficie, puede parecer que esta es nuestra verdadera naturaleza, porque en la actualidad está muy extendida por todo el mundo. Pero la realidad es que la codicia es un hábito condicionado que se confunde fácilmente con nuestra verdadera naturaleza. El egoísmo de la codicia está arraigado a profundidad en la mente, pero es un patrón como cualquier otro: puede ser observado y liberado.

Lo que en algún momento se entendía como naturaleza humana, es decir, ser codicioso, temeroso e incluso lleno de odio, no lo es en absoluto. Estos rasgos son hábitos humanos, comportamientos condicionados que nos imprimieron generaciones y experiencias pasadas. A menudo, los traumas que arrastramos y las formas de reaccionar ciegamente a lo largo de nuestra vida hunden sus raíces en las luchas de los periodos más difíciles de la vida, mientras estábamos en modo de supervivencia. *En última instancia, el hábito humano es el modo de supervivencia.* El hábito humano no es permanente y no es lo que somos en el fondo. Nuestra verdadera naturaleza humana es la que brilla bajo todos los patrones, el dolor anquilosado y la confusión que nos impide ser la mejor versión de nosotros mismos. Nuestra verdadera naturaleza humana es el amor, la claridad mental, la creatividad y un entusiasmo por la vida que se basa en el pasado, pero que ya no se ve afectado ni controlado por él.

Vivimos en las primeras etapas de una nueva era de sanación global. La historia de la humanidad no ha conocido aún la sanación a una escala global tan vasta. El momento en el que nos encontramos es radicalmente inédito. A lo largo de toda la historia ha habido individuos y grupos de personas que han intentado cambiar el mundo para mejor, para ampliar los derechos y crear un diseño más humano de nuestras estructuras sociales. Pero esta es la primera vez que la sanación es también accesible para el individuo. Hoy en día, todavía hay muchas personas que intentan cambiar el mundo para mejor, pero ahora también tenemos métodos disponibles que pueden ayudarnos a transformarnos a nosotros mismos de forma sustancial mientras trabajamos simultáneamente en la transformación del mundo. Este será el momento en el que los agentes de cambio podrán desmantelar su hábito humano y tener más acceso a su naturaleza humana.

Si amplificamos la sanación del individuo y la multiplicamos por millones, se producirá un cambio cultural en nuestra comprensión de la naturaleza humana. Y esto no va a ser consecuencia de lo que digamos, sino de lo que hagamos en nuestra vida diaria. Es cierto que las capas del hábito humano son gruesas, y no son fáciles de eliminar, pero con paciencia, acción intencional y buenos métodos de sanación podemos desmantelarlas para que la verdadera naturaleza humana salga a la luz y brille con fuerza.

¿En quién nos convertimos después de haber quitado las capas de codicia y miedo que han dominado nuestras vidas y se han interpuesto en el camino de nuestra felicidad? ¿Cómo nos sentimos y pensamos después de haber aceptado nuestro antiguo dolor y haber comenzado el trabajo de sanación profunda? ¿Quiénes somos después de dejar de estar dominados por el egoísmo? ¿Cómo se siente una mente cuando ya no lleva tanta carga?

Una de mis historias favoritas de los sutras budistas, contada por S. N. Goenka durante su curso de meditación de diez días, arroja luz sobre nuestra naturaleza innata. Un hombre llamado Angulimala, que era un asesino salvaje en la época de Buda, había matado a 999 personas y estaba a la búsqueda de su víctima número mil. Su mente estaba tan deformada por la ignorancia y el condicionamiento perjudicial que no era consciente del horror que causaba. Solo pensaba en la próxima persona que mataría. Sin embargo, no podía comprender a cabalidad la devastación que estaba causando porque no tenía acceso a la compasión que estaba enterrada bajo un condicionamiento tan pesado. Cuando se encontró con el Buda, tuvo la intención de matarlo, pero no pudo hacerlo. En cambio, el Buda consiguió que Angulimala lo escuchara, y Angulimala abrazó la meditación y el proceso de descondicionamiento. Aprendió sobre sí mismo y penetró en las verdades más profundas de la naturaleza. En la misma vida se convirtió en un santo por completo liberado, una persona que ya no se causa sufrimiento ni reacciona ciegamente. Los santos no tienen ninguna motivación para causarse daño a sí mismos o a los demás. Entró profundamente en su interior y se diluyeron las ásperas capas de los hábitos humanos. Todo lo que quedó fue la claridad de un ser humano que estaba plenamente conectado con la naturaleza incondicionada a la que todas las personas pueden acceder en su interior.

Esta historia destaca dos aspectos críticos de lo que significa ser humano. Una de ellas es que incluso las personas que cometen actos horribles nunca están del todo perdidas ni son peligrosas de un modo permanente. Todo el mundo tiene la capacidad innata de entrar en un proceso de transformación para liberarse de los comportamientos que dañan a los demás y detener los patrones que no le sirven a su bienestar personal. La segunda es que los aspectos más duros de tu carácter no definen completamente quien eres. El caparazón exterior puede ser grueso y propenso a comportamientos dañinos o defensivos, pero debajo hay una vasta reserva de claridad amorosa esperando a que accedas a ella. Si haces el trabajo, el brillo de tu verdadera naturaleza humana se revelará.

Acceder a tu naturaleza humana no es fácil. Todos tenemos condicionamientos tan diferentes que no podemos comparar nuestro viaje personal con el de otro. Es verdad que podemos inspirarnos en el progreso de otros, pero no podemos esperar avanzar en la misma línea de tiempo o que las herramientas que funcionan para otra persona funcionen de la misma manera para nosotros. Lo que sí es útil es que el camino de soltar y sanar ya no es un misterio. Solo tienes que salir y encontrar lo que te ayude a sanar tu viejo condicionamiento de la forma que más se adapte a ti.

soltar puede sentirse como un tremendo esfuerzo
aun cuando sabes que es absolutamente necesario
para que vivas una vida mejor
romper con el pasado es literalmente una ruptura
un fin
una negativa a regresar
los viejos patrones se repiten hasta que te mueves con intención
en una nueva dirección

El hábito humano como supervivencia

La mente está por defecto en modo de supervivencia, lo cual significa que lo que la mueve principalmente es el miedo, el deseo, la aversión y el egocentrismo; esta es la capa inicial del hábito humano. Muchos de estos hábitos provienen de una dirección evolutiva codificada para ayudarnos a mantenernos a salvo y sobrevivir lo suficiente como para transmitir nuestros genes. Ser precavido y codicioso puede tener sus ventajas de supervivencia. Pero en el mundo moderno vivir solo para sobrevivir es increíblemente limitante. Cuando se entrena la mente para observar las cosas tal y como son, para asimilar la realidad sin proyectar las emociones en ella y sin tratar de controlarla, la felicidad estará más disponible, y es así como te abrirás a tu naturaleza humana amorosa. La felicidad requiere una acción intencionada, sanar, dejar ir y enseñar a la mente a instalarse en el momento presente. Solo el esfuerzo que proviene de ti puede activar tu felicidad.

Tómate un momento para pensar en la última vez que sentiste emociones fuertes, como ira, ansiedad, estrés, miedo, preocupación o tristeza. ¿Hubo un acontecimiento externo o un desencadenante que las provocó? ¿Repites este patrón mental cuando te encuentras en situaciones similares? ¿Los mismos tipos de situaciones te provocan una reacción similar? Nos quedamos atrapados en estos ciclos una y otra vez, lo cual solo los solidifica aún más en nuestro subconsciente. Usualmente, esto sucede cuando nos encontramos en una situación sobre la que no tenemos control. De inmediato volvemos a los hábitos humanos como forma de protegernos. Entender tus patrones y ser consciente de qué tipo de situaciones los provocan les quita mucho poder. Nuestra percepción está tan cargada de información del pasado que a menudo emparejamos las nuevas experiencias con las antiguas para que nuestra mente pueda dar sentido a lo que está sucediendo. Cada vez que hacemos esto, creamos una vía para reaccionar de la misma manera que en el pasado. El hábito humano es, en esencia, la suma total de sus patrones, mientras que la verdadera naturaleza humana es una mente que ya no se rige por patrones. Todavía contiene la información del pasado para ayudarte a tomar buenas decisiones, pero esa información ya no está al mando. En su lugar, ahora se inclina por observar lo que está sucediendo sin ponerse de inmediato en una postura defensiva. Si dejamos que sigan los viejos patrones, la mente continuará con su reactividad y seguirás funcionando en piloto automático. Lo que mejor sabe hacer la mente es la repetición inconsciente, en especial cuando surgen situaciones difíciles. Esto te mantiene en modo de supervivencia, que se traduce en un comportamiento ciego.

A menudo, el hábito humano es un estado de confusión, en el que nuestra forma de reaccionar es rápida y ciega. No entendemos por qué ciertos patrones son tan dominantes en nosotros y por qué pasamos más tiempo con algunas emociones que con otras. Sabes que todavía estás controlado por tu hábito humano cuando tu mundo interior te sigue pareciendo un enigma, sobre todo si se siente como un misterio que no estás listo para explorar y resolver. En el estado del hábito humano, es difícil saber qué queremos hacer con nuestra vida, y es fácil confundir lo que tomamos de la sociedad, de los medios de comunicación o de nuestros padres como nuestras verdaderas aspiraciones. Aunque ahora suene extraño, antes de empezar a sanarme hubo una época en la que pensé en ser banquero de inversiones. Pensaba que tal vez sería la panacea instantánea para la pobreza de mi familia. Pero solo habría resuelto los problemas superficiales. Ahora sé que, si hubiera tomado ese camino, mis problemas internos se habrían convertido en una cascada de problemas aún mayores. Muchas personas, una vez que empiezan a sanar y a acceder a su naturaleza humana, abandonan sus antiguos objetivos porque, para empezar, descubren que nunca fueron realmente suyos. A menudo, las verdaderas aspiraciones de un individuo que se ocultan bajo su viejo hábito humano son más creativas, más al servicio de los demás, más centradas en mejorar la sociedad. La otra cara de la moneda es que no hace falta que dejes tu trabajo para tomarte en serio la sanación. Mi mujer, Sara, es un buen ejemplo de ello; mantuvo su trabajo como científica que diseña experimentos, incluso cuando se convirtió en una meditadora. Cada persona tiene que averiguar qué es lo que mejor le funciona. No es necesario estar liberado del todo, como Angulimala, para experimentar una transformación profunda que cambie la vida. Hasta una pequeña sanación alterará tu vida de un modo radical y te ayudará a encontrar las auténticas aspiraciones que encajen plenamente con tu intuición.

Cuando nuestra mente se centra demasiado en el pasado o en el futuro prevalece el hábito humano. Dado que está fuertemente vinculado a la supervivencia, nuestro registro del pasado será el principal filtro que utilizaremos para evaluar el mundo. En lugar de asimilar lo que sucede de forma fresca y sin juzgarlo, haremos evaluaciones rápidas y no tendremos la paciencia necesaria para captar por completo la calidad novedosa y compleja de cada momento individual. Nuestros pensamientos sobre el futuro estarán igualmente moldeados por lo que haya sucedido en el pasado. Y nuestras ansiedades y preocupaciones tendrán la misión de asegurarse de que las cosas que odiamos del pasado no vuelvan a ocurrir, aunque haya muy pocas posibilidades de que se repitan. Para romper el bucle de quedar atrapados en la ansiedad, impulsados por el daño emocional del pasado, debemos entrar en contacto con nuestras emociones tal y como surgen en el momento presente.

Tu verdadera naturaleza humana está en el momento presente, y muchas de las experiencias más poderosas de las que dispone una persona pueden encontrarse ahí: sabiduría, amor, alegría, sanación, felicidad y paz. Aunque se puede acceder a ellas de forma superficial a través de los recuerdos o imaginando el futuro, para experimentar todo su poder hay que sentirlas en tiempo real. Cuando tu atención está en el momento presente, se abre la puerta a tu naturaleza humana. La mente se vuelve más estable, menos impulsada por falsas narrativas y más capaz de conectar fácilmente con la paz. Para ser feliz y sabio de un modo pleno es necesario un entrenamiento mental, y la mayor parte de ese entrenamiento gira en torno a tener la paciencia de apartarse una y otra vez de las narrativas sin sentido, detonadas por la tensión, y volver a la realidad.

Si continuamente rechazas lo que sientes, las emociones que ignoras se anquilosarán en tu mente y harán más resistentes los sentimientos turbulentos que tratas de evitar. En el momento, puede parecer que la evasión es la respuesta correcta, sobre todo cuando estás en modo de supervivencia, pero a medida que repites esta reacción solo conseguirás que este patrón se fortalezca. *Si tu estrategia es la evitación, la distancia entre tú y tú mismo será cada vez más grande. Al principio, esta estrategia se sentirá como un alivio, pero más tarde se percibirá como si ya no estuvieras en casa dentro de tu mente y cuerpo.* Este espacio entre tú y tú mismo no permanece vacío. Se llena fácilmente con más narraciones movidas por el deseo, el miedo, la aversión y los malentendidos, es decir, con más material mental que crea esa áspera capa superior del hábito humano. Cuando empleamos una y otra vez la estrategia de la evitación, se hace más fácil y más automático caer en ella, incluso si las emociones que surgen no están en su máxima intensidad. A través de la evitación, acabamos alienados de nosotros mismos.

La verdadera belleza
de la naturaleza humana

La puerta de entrada a la sanación y el camino para acceder a tu naturaleza humana está en permitirte sentir tus emociones sin huir. Cuando rompes las capas de viejos condicionamientos, comienza tu revolución interior. Experimentas el renacimiento de una mente que ya no está agobiada por el pasado. Tus ojos se iluminan y tu mente comienza a sentirse fresca y llena de energía. Cuando surgen las viejas y pesadas emociones para ser procesadas y liberadas, las manejas con una nueva gracia: sientes tus emociones sin darles todo tu poder.

La sanación no hace desaparecer todo el dolor, y a menudo es un proceso lento que requiere paciencia y compromiso. Lo que hace que este viaje merezca la pena es que incluso pequeñas cantidades de sanación pueden marcar la diferencia en nuestras vidas. Cuando empiezas a decir no a los viejos patrones y a elegir acciones que se alinean mejor con lo que sientes auténticamente, tu naturaleza humana empieza a brillar. Si haces un pequeño agujero en una habitación oscura revestida de hormigón, la oscuridad ya no lo consumirá todo. De la misma manera, si seguimos rompiendo los muros de los viejos condicionamientos que nos confinan, entrará más luz y podremos ver el mundo exterior con una perspectiva más amplia y clara. Una gran cantidad de energía y creatividad se esconde bajo las capas endurecidas de los hábitos humanos. La preocupación, la ansiedad y caer en los bucles de falsas narrativas consumen mucha energía, pero una mente sanada tiene una cualidad prístina y flexible que nos permite ver las cosas desde otras perspectivas además de la nuestra. Utilizar la conciencia del momento presente para activar tu naturaleza humana te da acceso a una abundante claridad mental. La claridad y la creatividad son realmente una misma.

Cuando la mente se libera, puede ver las cosas desde muchos ángulos y diseccionar las situaciones con mayor facilidad. Puede ver más allá de lo superficial y descubrir lo que falta sin causarse tensión. Una mente calmada que se ha desacondicionado poco a poco y se ha liberado de viejos patrones tiene más facilidad para conectar con la belleza y encontrar soluciones. En última instancia, la activación de tu naturaleza humana te da acceso a todo tu poder. Sientes más, ves más y resuelves más. Al principio puede sentirse como algo sobrehumano porque tu mente parece tener un mayor grado de inteligencia, pero este es tu estado natural, libre de cargas.

La naturaleza humana es para todos

Históricamente, esta transición del hábito humano a la naturaleza humana no es nada nuevo. Grandes personajes de todos los tiempos han utilizado periodos de introspección para conectar con la verdad liberadora. A través de una creciente conciencia, fueron capaces de activar su naturaleza humana. Esto permitió que la claridad innata del amor y el poder de la creatividad pacífica fluyeran en abundancia en sus vidas para el beneficio de aquellos que se cruzaron en sus caminos. Jesús pasó cuarenta días en el desierto en profunda reflexión y superó la duda. Buda pasó seis años practicando diferentes técnicas hasta que fue capaz de liberarse por completo de todo condicionamiento. Los métodos eran diferentes, pero hay una similitud en los resultados. A través de la introspección y conectando profundamente con lo que era real dentro de cada uno de ellos —lo que también es real dentro de cada uno de nosotros— se convirtieron en seres de amor ilimitado, experimentaron la libertad de la ausencia del ego y pudieron acceder a un grado excepcional de sabiduría.

Ser capaz de amar incondicionalmente y erradicar por completo el sufrimiento dentro de la mente es un gran logro. Es posible, pero es un camino serio que requiere determinación y esfuerzo. Aunque estemos lejos de ese nivel de libertad prístina, eso no debe desanimarnos. Los que estamos vivos ahora podemos seguir viendo esos logros como una forma de inspiración. Los ejemplos de Jesús, Buda y otros nos recuerdan que tenemos el mismo potencial dentro de nosotros. Incluso si nos adentramos lentamente en el trabajo de introspección, podemos hacer progresos que pueden transformar nuestras vidas, de manera radical, para mejor. Hay muchos ejemplos de personas que han luchado contra la tensión mental, han adoptado uno u otro método introspectivo y han salido del otro lado con una conexión innegable con su naturaleza humana. Cuando desmenuzamos nuestro viejo hábito humano y comprendemos que en realidad está compuesto por patrones anudados que son tan impermanentes como cualquier otra cosa, podemos desarrollar la paciencia para deshacerlos con calma construyendo nuevas respuestas a la vida.

●
—

continúa desatando el pasado que pesa sobre la mente
suelta la tensión que limita tu capacidad
entrar en el presente de todo corazón
sanar el miedo que te impide alinearte con tus objetivos más elevados
—así es como te mantienes comprometido con tu crecimiento

La diferencia en tu estado mental, desde que comenzaste tu viaje hasta ahora, es significativa. Pero las cualidades mentales que favorecen tu avance nunca se ganan fácilmente; tienen que construirse con paciencia porque van a convertirse en los cimientos de tu nueva vida. La ligereza, la claridad y la destreza que tienes al observarte a ti mismo han requerido de tiempo e intención para forjarse, pero ahora son tuyas. Dar un paso atrás en el trabajo interior serio para echar un buen vistazo a lo lejos que has llegado ayuda a poner las cosas en perspectiva y te da el impulso necesario para seguir adelante. Los mejores momentos están aquí, y los días aún mejores llegarán pronto.

A medida que realizas el trabajo de descondicionamiento que ayuda a tu mente a volverse más ligera, menos traumatizada y menos dominada por tu viejo hábito humano, tu naturaleza humana se vuelve más predominante. Es más fácil acceder a las cualidades innatas de una mente sanada; sin embargo, son como brotes que acaban de salir a la luz del sol. Estas cualidades ya pueden respirar, pero aún no han madurado. Al cruzar este umbral, es importante no esperar un flujo continuo de conciencia del momento presente ni una energía positiva constante para la vida: seguirá habiendo altibajos.

La clave para dar más pasos adelante como la mejor versión de ti mismo es la repetición. Practica el amor a ti mismo y a los demás, y se hará más fuerte; sal de tu perspectiva para echar un vistazo a cómo ven las cosas los demás y potenciarás tu agilidad mental; siente de forma intencionada la felicidad por el éxito de los demás y los celos perderán su poder; tómate tiempo para sentir gratitud y finalmente tu mentalidad fluirá en esa dirección con más facilidad.

Las cualidades que pueden fomentar tu felicidad están disponibles cuando utilizas tu conciencia del momento presente para vivir desde un espacio de naturaleza humana. Aun así, tienes que dedicar tiempo a fortalecer esas cualidades para poder seguir elevando las partes de tu mente que te ayudan a avanzar. Cuando comprendes la maleabilidad de tu mente, aportas energía a tu valor y empiezas a recuperar tu poder del pasado.

Reflexiones

- ¿De qué manera el hábito humano condicionado ha hecho que tu vida sea más difícil?
- ¿Cómo se siente tu mente cuando estás conectado a tu naturaleza humana?
- ¿Eres capaz de perseverar incluso cuando se te dificulta conectar con tu naturaleza humana y cultivar esas buenas cualidades que pueden ayudar a mejorar tu vida?
- ¿Cómo ha cambiado tu capacidad de resolver problemas desde que comenzaste tu viaje de sanación? ¿Ves cómo fluye más creatividad en tu vida?
- ¿Tienes fe en que puedes convertirte en la persona que sabes que puedes ser?
- ¿Quién es un ejemplo en tu vida que hace un buen trabajo viviendo desde un espacio de amor a la naturaleza humana?

madurez
emocional

La *madurez emocional* es un término amplio, pero yo lo defino aquí como "crecimiento continuo": el viaje de la vida en el que todos nos encontramos para mejorar la forma en que nos relacionamos con nuestras emociones, sobre todo cómo reclamamos el poder de nuestro pasado y nos causamos menos tensión mental. La madurez emocional no consiste en la perfección. Más bien, se trata de progresar en nuestra práctica de sanación, de aumentar la conciencia de uno mismo y la compasión, y de no reaccionar tan enérgicamente como hasta ahora ante las situaciones difíciles. Incrementar tu fuerza en cualquiera de estas áreas es un motivo de celebración. No seas duro contigo por no tenerlo todo perfeccionado; lo que importa es que estás avanzando en tu viaje.

Conciencia de ti. La madurez emocional comienza cuando diriges tu atención hacia el interior. Cultiva la capacidad de verte a ti mismo mientras atraviesas las vicisitudes de la vida sin huir ni reprimir lo que surge en tu mente. Esto mejorará inmediatamente tu comprensión de ti mismo.

Señales de que tu nivel de conciencia está creciendo:

- Eres capaz de sentir tus emociones cuando van y vienen.
- Afrontas el pasado y notas cómo se manifiesta en el presente.
- Observas tu mente mientras procesas situaciones difíciles.
- Tomas nota de los patrones de comportamiento que aparecen repetidamente en tu vida.
- Observas cómo tu propio pensamiento afecta tus emociones.
- Examinas tu narrativa interior.

Al poner atención a estos movimientos mentales, abres la puerta al tipo de aprendizaje que puede transformar tu vida. Tu capacidad de verte a ti mismo a través de la lente de la honestidad radical es la base de la madurez emocional, y este punto de vista te ayudará a tomar decisiones desde un lugar de claridad activa, en lugar de un lugar de inconsciencia pasiva.

La no reacción. La conciencia aumenta la agilidad de tu mente. Si dedicas tiempo a estar presente, es posible que frenes tu mente cuando surgen situaciones difíciles. En lugar de caer en reacciones ciegas arraigadas en el pasado, puedes optar de forma intencional por hacer una pausa y concederte un momento para observar lo que realmente está sucediendo. Esta capacidad de pausa no es fácil y requiere práctica para desarrollarla, pero los resultados son inmensos. No reaccionar funciona como un medio para una mayor madurez emocional. Ahora que puedes verte a ti mismo y darte tiempo, es más fácil que te comportes de una manera que se alinee con tus objetivos y honre tu autenticidad. Encontrar ese equilibrio —en el que puedes ser honesto sobre lo que sientes y no permitir que esta emoción temporal tome el control total de tus acciones— puede ayudarte a manejar mejor los cambios inesperados de la vida. La no reacción es, en esencia, una práctica de la paciencia. La paciencia que estás construyendo impregnará tu mente y abrirá tu percepción. En lugar de percibir las cosas a través de una lente de juicio, serás más capaz de abrazar el modo en que el largo viaje de desarrollo de la madurez emocional se revela lentamente y te ayuda a aceptar tus imperfecciones.

Compasión. Cuando empleas tu nueva conciencia y dejas de reaccionar de la misma manera ante cualquier situación difícil, te resulta mucho más fácil sentir amor y compasión por ti mismo y por los demás. Además, ahora que puedes verte mejor, naturalmente podrás ver a los demás con más claridad. A medida que te entiendas mejor, disminuirá tu inclinación a castigarte por los errores. Cuando veas a los demás luchar con sus patrones, aprender más sobre sí mismos y atravesar sus propios altibajos, te resultará más fácil sentir compasión por ellos, porque tú también has pasado por estos momentos y sabes lo difícil que puede ser el proceso. La madurez emocional te da la fuerza para ver las cosas fuera de tu propia perspectiva. Ser capaz de ponerse en el lugar del otro y ver su contexto es una forma activa de compasión.

Crecimiento y sanación. Tu madurez emocional se profundiza cuando eres capaz de reconocer que tienes mucho que aprender y sanar. Si te comprometes activamente con tu evolución personal, ya sea trabajando en dejar atrás viejos traumas o centrándote en desarrollar nuevos hábitos positivos, te abrirás a niveles más profundos de sabiduría y paz. Una de las batallas más difíciles de superar es simplemente tener el valor y la seguridad interior suficientes para adoptar un estilo de vida que apoye tu evolución y tu salud mental. Una vez que hagas esta promesa de crecimiento a lo largo de la vida, tu tarea será aplicar el esfuerzo para poder permanecer en el camino. La madurez emocional es una práctica de humildad y persistencia que dura toda la vida, porque entiendes que tus pensamientos inmediatos no siempre son correctos y que vale la pena que investigues pacientemente las raíces de tus patrones. En el fondo, la madurez emocional es una cuestión de mejorar la comunicación con uno mismo. Este compromiso continuo con uno mismo también mejorará la conexión y la comunicación con los demás.

La evasión es lo contrario de la madurez emocional

Cuando no puedes manejar tu propio dolor o la turbulencia de tus emociones, es fácil caer en un ciclo en el que utilizas a los demás como medio de escape. Pasar tiempo con los demás como una forma de evitarte a ti mismo es un patrón común cuando el dolor se siente demasiado pesado para llevarlo, o cuando todavía no has encontrado un método de sanación claro que funcione para ti. A veces, evitarte a ti mismo es un patrón inconsciente, en el que te centras tanto en lo que está fuera de ti que no tienes la conciencia necesaria para ver lo que está motivando tu comportamiento.

No se trata de llevar esta idea al extremo; estar en comunidad puede ser muy sanador y los seres humanos somos interdependientes por naturaleza. Lo que hay que tener en cuenta es la evitación constante de la soledad. Tampoco hay nada de malo en que, en determinado momento, un amigo te ayude a apartar tu mente de algo demasiado pesado para procesar, pero si muchas de tus relaciones te sirven para evadir tu tensión, es señal de que estás desconectado de ti mismo. En el pasado, mi forma de evadirme era a través de un profundo apego al placer. Es una vía de escape habitual cuando no sabemos cómo gestionar nuestro propio dolor. Si nuestro pasado es abrumador o nuestro patrón de evasión está muy arraigado, resulta fácil caer en hábitos poco saludables en busca de la sensación de placer. Un profundo apego al placer puede producir una mente muy centrada en sí misma. Para algunos, el mecanismo de escape puede ser estar siempre rodeados de gente o sumidos en su trabajo. Para otros puede ser comer en exceso, ver demasiada televisión, abusar de las drogas o cualquier otro extremo que los mantenga saturados de la sensación de placer y alejados de la realidad.

El acto de huir de ti mismo tiene claras consecuencias en tus relaciones. Si no te conoces bien, será difícil que ames y comprendas profundamente a quienes te rodean. Si no puedes encontrarte contigo mismo con total honestidad, será difícil que mantengas el espacio y profundices con los demás. Si no tienes compasión por ti mismo, será difícil que trates bien a los demás. La honestidad total, aunque es complicada al principio, puede fincar los cimientos de las relaciones al crear confianza y comprensión.

Las relaciones que se basan únicamente en la efervescencia, el placer y en la búsqueda de la siguiente emoción tienden a ser bastante superficiales y no resisten la prueba del tiempo. Las conexiones de espectro completo tienen espacio para el disfrute, las discusiones profundas y el intercambio de la verdad; tienen una base de paciencia, en la que cada persona está dispuesta a escuchar realmente. No hay nada de malo en divertirse, pero vivir solo para eso te hará sentir vacío.

Algo muy común es que, una vez que empiezas a elevar tu nivel de conciencia, te das cuenta de cuán insustanciales y superficiales eran muchas de tus relaciones. El proceso de análisis intuitivo comienza cuando reconoces a qué relaciones debes aportar más energía y cuáles debes dejar de lado. A medida que tu luz interior empieza a brillar más, tu círculo de conexiones a veces se hace más pequeño, pero te sientes preparado para llevar una presencia más intencional a cada interacción.

Cuando empiezas a recorrer tu propio paisaje interior, se activa la conciencia y se abre la puerta de la sabiduría. Este desprendimiento de viejas capas impulsa tu evolución. El hecho de que ya no seas un extraño para ti mismo te ayuda a que tus conexiones sean más ricas y mutuamente satisfactorias. Y a menudo haces nuevas conexiones en el proceso, unas más alineadas con tu camino y tus valores.

Signos de madurez emocional

Un aspecto clave de la madurez emocional es hacer sacrificios saludables que apoyen tu bienestar a largo plazo más que tu placer a corto plazo. Por ejemplo, le das tiempo a tu sanación, incluso cuando es difícil. Dejas espacio para las conexiones vigorizantes, incluso cuando tus deseos quieren arrastrarte de nuevo a viejas conexiones que sabes que no son saludables para ti. Aceptas la repetición de los buenos hábitos, aunque parezca que se construyen lentamente. Haces el valiente trabajo de mantener tu corazón abierto porque sabes que es la única manera de forjar conexiones profundas y significativas. Tratas de vivir el momento presente con una perspectiva fresca que no se evalúe constantemente en función de lo que te ocurrió en el pasado. *Más que nada, te das a ti mismo lo que necesitas, en lugar de lo que deseas.* Tratar tu energía como un recurso precioso tiene un efecto profundo en tu vida. Decir "no" se convierte en algo más habitual para que puedas concentrar tu tiempo y dedicarlo a tus objetivos más elevados. Te pierdes algunos eventos porque no necesitas tanta estimulación externa para sentirte satisfecho. Tu compleción deriva ahora del autocuidado y de la plenitud que se revela con tu trabajo de sanación. Sigues abierto a las conexiones sanas, pero eres escrupuloso sobre cuáles dejas que entren a tu círculo íntimo. Le dedicas más tiempo a tu descanso para que puedas crecer mientras estás en medio de tu viaje. Las personas emocionalmente maduras son amables y gentiles con los demás, pero dan la máxima prioridad a todo aquello que les ayuda a prosperar. Aquí tienes otras formas de saber que estás en el camino correcto.

No necesitas meterte en todas las discusiones ni dar tu opinión sobre todos los asuntos. A veces es necesario hablar en defensa propia o para reafirmar los límites, pero decir menos puede dejar mucho más claro lo que defiendes y te permitirá ahorrar energía para los momentos en los que sabes que tus palabras tendrán un gran impacto. A menudo, el impulso de hablar está provocado por el ego y puede generar mayor fricción en la situación. Es valioso ser hábil y tomarse el tiempo necesario para comprender de dónde se parte antes de hablar. ¿Procede de un lugar de impulso y reacción que busca el dominio? ¿O es de un lugar de curiosidad que busca construir un entendimiento entre dos personas? ¿Escuchas realmente a los demás o solo planeas los siguientes puntos que quieres tratar?

Tienes un fuerte sentido de la determinación. Cuando decidí que tenía que cambiar, una de las prácticas que marcó la diferencia más importante en mi vida fue la determinación de seguir un camino de sanación. Hay muchas maneras de crecer, pero siempre que quieras tomar un nuevo camino en serio habrá un punto en el que tendrás que ponerte firme y decirte a ti mismo: "Nadie ni ninguna situación me impedirá avanzar en esta nueva dirección. Avanzar por este camino es lo mejor para mí y no voy a comprometer más mi bienestar". Tener esa firme determinación me ha ayudado a convertirme en un meditador constante y a dedicarme a la escritura. A medida que aumenta tu conciencia, el debate interno que se produce cuando tienes una decisión importante delante se simplifica y la opción que debes tomar se hace más evidente. Cuando dejas de ser un misterio para ti mismo, la lucha sobre qué camino recorrer y a qué dedicar tu tiempo se vuelve menos intensa. Como conoces tus aspiraciones y tienes práctica en ser tu auténtico yo, todo lo que se acerque a ti que no se alinee con tus objetivos no podrá permanecer mucho tiempo. Tu conciencia refuerza tu intuición. Conforme vayas progresando, sabrás lo que es para ti y lo que no lo es.

Te das cuenta de que las emociones similares se atraen. Las emociones suelen atraer emociones similares, y lo que das a los demás en situaciones interpersonales es normalmente lo que recibirás de vuelta. Cuando te sientes deprimido y la ira empieza a invadir tu mente y tus acciones, es mucho más fácil que los demás reaccionen contigo con ira, ya que se sienten justificados a hacerlo. Del mismo modo, si te sientes profundamente vulnerable y lo expresas con honestidad, los demás tendrán la oportunidad de responder con compasión y comprensión. La emoción que expresas suele activar esa misma emoción en la otra persona. Cuando la gente se enfada, a menudo esto viene de un lugar de profundo miedo y dolor, algo desencadena su necesidad de supervivencia y activa su hábito humano de la ira como forma de protección. El trabajo superior de alguien que ha profundizado en su sanación y ha cultivado su madurez emocional es no dejarse arrastrar por discusiones innecesarias cuando otra persona expande su tensión. Con paciencia y agudeza mental, puedes anular tu instinto de supervivencia de reaccionar a su tensión con tu propia tensión. Cuando utilizas tu conciencia para anular tu instinto de supervivencia, estás diciendo no al hábito humano y sí a tu naturaleza humana. Desde el espacio de la naturaleza humana es más fácil ser amable, ver otras perspectivas, expresar amor, ser más creativo y tener compasión y comprensión, sin dejar de ser capaz de defenderse si es necesario. Actuar desde el espacio de la naturaleza humana no te hace pasivo, sino que te hace hábil en tu forma de afrontar las situaciones difíciles.

Actúas con un creciente sentido de responsabilidad. Aceptar la responsabilidad de tu sanación y de tu felicidad es increíblemente difícil, pero es el único camino disponible que puede conducirte a la paz interior, la claridad mental y la felicidad sostenible. Si crees que cada momento de tensión en tu mente es siempre culpa de otra persona, entonces será difícil sentir una felicidad sustancial o una paz real. El océano de la vida te empujará de aquí para allá hasta que levantes las velas y navegues a través de las olas que intentan retenerte. No cabe duda de que hay momentos duros en la vida, pero los movimientos de tu mente no tienen por qué permanecer inconscientes. La forma en que percibes las cosas no tiene por qué estar siempre dictada por lo que ocurrió en el pasado. En cambio, puedes sintonizar más con el presente apartando tu mente de tu imaginación y llevándola a lo que realmente está sucediendo dentro de ti y frente a ti. La construcción de los cimientos de una vida mejor comienza con lo que ocurre dentro de tu mente. La gente puede presionarte y ponerte a prueba, pero cultivar un pilar de equilibrio interior te ayudará a mantenerte firme cuando el mundo exterior sea caótico.

Aprendes a decir no. Cuando haces de tus objetivos una prioridad absoluta, empiezas a decir que no a las cosas que no se alinean con tu visión. Esto es una señal de que tienes una perspectiva prístina de hacia dónde te diriges. Saber cuáles son tus verdaderas aspiraciones hará que tu camino sea claro, para que no te dejes arrastrar por las distracciones. Mantenerte alineado es clave porque es muy fácil utilizar tu energía de forma que no contribuya a los mejores resultados para tu futuro. Dado que cada ser humano solo dispone de una cantidad limitada de energía y tiempo, es de vital importancia tener una conversación seria contigo mismo y preguntarte: ¿qué quiero hacer con mi vida? ¿Cómo quiero que se sienta mi mente dentro de una década? ¿Qué necesito hacer ahora para poder seguir avanzando? Dedicar la mayor parte de tu energía a tus objetivos no es egoísta. Significa que te conoces tan profundamente que no hay confusión en cuanto a lo que de verdad te importa y lo que estás construyendo en este momento.

Parte de la superación personal consiste en decir no a cosas buenas para dejar más espacio al tipo de trabajo u oportunidades que realmente te entusiasman. No conformarse con menos es una de las formas más directas de encarnar el principio del amor propio. A nivel mental, es mucho más difícil estar a la altura de tus sueños o ceñirte a una misión mayor porque es más sencillo tomar la fruta que está más a la mano. Aprender a decir que no organizará tus límites de manera que te conduzca a lo que en verdad te dará la sensación más profunda de plenitud.

Cuando te apartas de algo, y aprovechas el poder de estar en paz con esa decisión, reafirmas tu verdadera valía y abres puertas que tal vez ni siquiera habías visto. Si en el fondo sabes que te arrepentirás de una decisión en unas semanas o meses significa que no es bueno para ti. Normalmente, tu intuición se inclinará por aquella oportunidad que esté destinada para ti: no necesitarás mucho convencimiento ni reflexión. Sentirás el clic y sabrás que ese es el siguiente capítulo de tu historia que está empezando a desarrollarse. Decir no a cosas que no honran tu valor puede parecer un gran riesgo, pero es mejor que te muevas con paciencia para que las personas y las oportunidades adecuadas se alineen por completo.

Mantienes la humildad. La humildad es admitir ante uno mismo que puede beneficiarse del crecimiento personal. Es un claro signo de fuerza interior, pero no es fácil, ya que al ego le cuesta ver algo más allá de su propia perspectiva. Un signo claro de madurez emocional es darse cuenta de que el ego saca conclusiones precipitadas y, por tanto, evitas hacer un juicio rápido. Por naturaleza, un ego crecido está lleno de tensión y es demasiado frágil para reconocer cuando se equivoca. Saber que tienes mucho que aprender te ayuda a mantener tu ego bajo control. Saber que los demás siempre tienen algo que enseñarte te aleja de la condescendencia y del juicio severo.

Hay una línea muy fina entre la confianza y el exceso de confianza. El ego siempre trata de ir más allá de lo que entiende, juzgando todo lo que encuentra, incluso cuando tenemos muy poca información sobre la persona, el sujeto o la situación para hacer una evaluación adecuada. En su lugar, evalúa lo que en efecto entiendes y ten la fortaleza interna para indagar sobre el resto. Es importante recordar esto cuando atraviesas momentos oscuros o una época difícil, ya que el ego suele volver a atacarte cuando tu estado de ánimo está decaído. Tendrás una imagen más clara de ti cuando tu estado de ánimo se haya estabilizado. Tener la humildad de recordar que las evaluaciones precipitadas no son útiles es una buena práctica. Los juicios son pesados; mantener la mente abierta te ayudará a fluir con mayor ligereza por la vida.

Desacuerdos

La verdadera madurez consiste en mantener la paz en medio del desacuerdo. Una conciencia tranquila te ayudará a asegurarte de que expones tu punto de vista sin dejar que tu ego empeore las cosas. De este modo, es menos probable que un mal momento se convierta en un mal día y evitarás que tu tensión afecte negativamente a los que te rodean. Tu paz tiene el poder de impedir que un desacuerdo se transforme en una discusión. Se necesitan dos personas para intensificar un desacuerdo hasta el punto de que se vuelva un verdadero conflicto; si te niegas a conducirte con tensión, esto ayudará a que la conversación siga siendo civilizada.

Pensar en tu desacuerdo como una discusión es más productivo que dejar que se convierta en un pleito, porque una discusión es un intercambio, en lugar de una batalla. En una discusión, el ego no necesita protegerse y el pensamiento lógico puede sostenerse con sencillez. Mantener la paz también ayudará a que tu mente permanezca abierta y flexible, lo que permite que surja una resolución más fácilmente. Los desacuerdos entre las personas son una parte natural de la vida que puede abrir la puerta a una comprensión más profunda de los demás. Cuando navegamos con compasión entre puntos de vista opuestos, es posible ofrecer nuestra perspectiva con suavidad y encontrar un camino intermedio. Recuerda que la armonía no aparece de la nada, sino que a menudo florece en el terreno pedregoso de los desacuerdos. Ser capaz de dar cabida a diferentes puntos de vista es un signo de verdadero amor.

Puedes darte cuenta de cuando alguien te envía su ira mal dirigida. La gente suele compartir su miseria, aunque tú no tengas nada que ver con ella. Las emociones tienden a propagarse: a la ira le gusta crear más ira y la alegría busca crear más alegría. Cuando notes que alguien está atrapado en un bucle de agitación y que ya no está abierto a la razón, aléjate y sigue adelante. Puedes tener compasión por ellos sin dejarte atrapar por su energía áspera. Ser capaz de determinar tu propio estado mental sin permitir que otros lo decidan por ti es una señal de que estás reclamando tu poder. Aunque alguien te invite a enfadarte, no necesitas aceptar su invitación.

El objetivo es ser capaz de maniobrar de modo hábil alrededor de personas que se encuentran en un estado de ánimo turbulento sin perder la calma. Sin duda, habrá momentos en los que puedas ayudarles, pero no siempre será así. En cualquier escenario, tu tarea es hacer lo que es correcto para tu propia salud mental. Recuerda: no te empantanes en el patrón de salvador. Cuando puedas, ayuda a la gente, pero sin apegarte a ser un ayudante; no es tu trabajo salvar a todo el mundo. Encontrar este equilibrio será único para tu vida y tu capacidad emocional personal.

Intuición

Un aspecto de la madurez emocional que a menudo se minimiza es la capacidad de escuchar nuestra intuición. Todos sentimos nuestra intuición de manera diferente. En mi caso, se presenta como un conocimiento silencioso que persiste hasta que lo sigo, incluso si esto significa dar un salto considerable o asumir un gran riesgo. Es fácil dejar que el miedo nos acorrale en un espacio pequeño que no nos da el área que necesitamos para nutrirnos. Pero, con frecuencia, nuestra intuición se mueve de forma que nos permite salir al mundo y cumplir nuestras aspiraciones más profundas. La intuición no se basa en el miedo y no se siente como los interminables deseos que se arremolinan en la mente. Se siente como si el cuerpo tuviera una brújula tranquila y supiera a dónde ir a continuación, aun cuando ese conocimiento haga que la mente retroceda con temor y aversión porque tienes que hacer algo que está totalmente fuera de tu zona de confort.

Cuando vivía en Boston y mi viaje de sanación estaba en marcha, hubo un instante muy claro en el que mi intuición me dio coordenadas precisas. En ese momento me encontraba recuperando lentamente mi poder y ya no estaba bajo el dominio de las drogas duras. Había tomado unos cuantos cursos de Vipassana y, en general, me sentía más feliz y más conectado con el amor que florecía dentro de mí. Estaba dispuesto a seguir avanzando en mi viaje de sanación y mi intuición me hizo saber que era la hora de dejar Boston y mudarme a Nueva York para seguir creciendo.

De hecho, había intentado mudarme allí un año antes, pero no había funcionado. Mis amigos querían que los alcanzara allá, e incluso me mudé con mi amigo Shin durante unas semanas y empecé a buscar un trabajo. Pero en cuanto llegué, todo en mi decisión me pareció por completo equivocado. Me encantaba Nueva York y mis amigos, pero algo dentro de mí me decía que aún no estaba bien. Sin embargo, esta vez las cosas eran diferentes. Nunca había sentido una guía tan clara proveniente de mi interior, y no era solo una ocurrencia. Se sentía como una clara instrucción: "El siguiente paso es Nueva York". Hablé con mi pareja, Sara, y ella estuvo de acuerdo en que debíamos emprender esta nueva aventura y ver lo que nos esperaba allí. La forma en que las cosas se alinearon sí que tenía sentido, ya que estaba lo bastante avanzado en mi viaje de sanación como para no sentir que me sacudiría o desviaría de mi camino al sumergirme en ese intenso ambiente. En un curso de meditación había hecho un nuevo amigo llamado Anwar. Él también vivía en Nueva York y eso me hizo darme cuenta de que no solo podía mantener a mis viejos amigos, sino también hacer otros nuevos que estuvieran aún más alineados con el estilo de vida saludable que trataba de construir.

Nos hizo falta mucho valor para dejar Boston, ya que tanto mi pareja como yo teníamos trabajos, pero sentimos que nuestro tiempo allí había terminado. Boston no tenía las mismas oportunidades de crecimiento profesional ni el apoyo de la comunidad que buscábamos. Tuvimos que asumir el clásico riesgo de dejar algo bueno por la oportunidad de algo mejor. En esa ocasión, cuando llegamos a Nueva York, sentimos como si todas las puertas se abrieran. Fue como si la ciudad nos recibiera con los brazos abiertos. Durante el primer mes nos alojamos en una habitación del apartamento de Shin, y al segundo mes ya habíamos encontrado nuestro propio apartamento en Crown Heights.

Sara tuvo mucha suerte y en pocas semanas, gracias a un amigo, encontró un trabajo que era mucho mejor que su anterior empleo, tanto en sueldo como en calidad. Yo estaba buscando trabajo al mismo tiempo, y aunque sabía que algo acabaría alineándose, mi intuición volvió a sacudirme, esta vez con una fuerza aún mayor. Sentí la continuación de su mensaje original, pero ahora que estaba en Nueva

York, mi intuición me decía claramente que quería que me centrara en la escritura. Puede que haya momentos en los que tu intuición te diga algo, pero quizá tengas demasiado miedo de escucharla. Y eso está bien. Pero no olvides el mensaje. Vuelve a él cuando te sientas preparado. Había sentido esa misma llamada un año antes, pero no la había tomado en serio. La sentí real y fuerte, pero también demasiado diferente y nueva para mí. Esta vez cayó como un rayo. Podía sentir que, si me centraba en la escritura ahora, podría ser una buena forma de servir. Me impresionaba mucho que la sanación fuera posible, y quería que otras personas supieran que también estaba disponible para ellas. No necesitaban hacer lo mismo que yo, pero, si encontraban su propio camino y métodos, podrían aliviar la tensión de su mente y cultivar una vida mejor.

Para ser honesto, al principio me asustaba el impacto que esto podría tener en nuestra seguridad financiera, y también sentía incómodo por cargar a Sara con todo esto. Ninguno de los dos venimos de familias ricas y seguimos viviendo con lo justo. Durante varios días me pregunté si seguir una carrera de escritor era una posibilidad real. De hecho, la idea de escribir estaba tan profundamente recubierta por un espeso prejuicio que solo se reveló una vez que empecé a meditar. Fue una sorpresa cuando salió a la superficie. Por fin, después de buscar trabajo durante un tiempo, reuní el valor para hablar con Sara y hacerla partícipe de lo que estaba considerando. Le pedí que me diera algo de tiempo para trabajar en la escritura y averiguar si de verdad podía hacerlo.

Recuerdo que cuando tuve esa conversación con ella estaba muy asustado, y, aunque claro que tuvo dudas, me escuchó y aceptó darme una oportunidad. Yo compartía su nerviosismo, ya que no estaba nada convencido de que pudiera hacer carrera escribiendo. Prácticamente no tenía experiencia fuera de los ensayos del bachillerato y la universidad, pero mi intuición me decía con claridad que quería que pasara tiempo practicando y leyendo no solo por placer, sino con la vista puesta en aprender el oficio y en desarrollar una voz propia.

Mi cuenta de Instagram me pareció una opción natural para escribir. Poder recibir comentarios inmediatos sobre los ensayos y pequeños poemas que compartía me ayudó a perfeccionar mi escritura para poder llegar mejor a la gente. Fue un proceso largo, y la mayor parte de ese tiempo sentía que era un fracaso. Estaba lleno de dudas y me preocupaba estar echando a perder mi oportunidad de tener una carrera más tradicional, pero estaba decidido a seguir adelante. Durante los dos años siguientes pasé mucho tiempo solo en nuestro departamento, trabajando en la escritura y centrándome en encontrar mi voz. Poco a poco, más y más gente empezó a leerme y a seguirme en línea. Me sorprendió y agradecí que mis palabras tuvieran eco entre los lectores. En un momento dado, me sentí lo suficientemente seguro como para lanzar una versión autopublicada de mi primer libro, *Inward* (*Hacia adentro*), y pronto una editorial me publicó y lo distribuyó por todo el mundo. Aún hoy en día me parece un milagro, y todavía me cuesta creer que ese gran salto a la escritura haya funcionado. No habría sido posible si no hubiera tenido el valor de escuchar a mi intuición. Aunque no tenía nada cuando empecé, mi intuición me ayudó a construir una visión y a ponerme en el camino correcto.

La belleza de la intuición es que, si la escuchas, te empujará a crecer. En mi experiencia, seguir lo que estaba claro en mis entrañas me hizo tocar niveles de miedo cada vez más profundos. También me empujó a abordar mi aversión a aceptar la ayuda de mis seres queridos. Me enseñó a tener fe en el proceso, aunque el plan no fuera muy claro. Convertirme en escritor siempre estuvo en segundo plano en mi crecimiento personal y tuve que darme cuenta de ello una y otra vez mientras perfeccionaba mi voz escrita. El crecimiento personal me permitió descubrir esta faceta y contribuyó para acceder a mi creatividad. Esto, a su vez, me ayudó a ver que la sanación debe ser siempre mi máxima prioridad. Mis proyectos creativos deben quedar en segundo lugar, porque si mi crecimiento no tiene prioridad, todo el trabajo que haga se verá debilitado por mi pérdida de concentración.

La madurez emocional es tener un sentido flexible de identidad

Cuando pensamos en la sanación, a menudo existe la idea de que queremos volver a ser quienes éramos antes del daño y el trauma. En la superficie, puede parecer que la sanación nos devuelve a un estado original, pero cuando echamos un vistazo más profundo, queda claro que lo que somos siempre está cambiando. La interacción entre los fenómenos mentales y físicos se produce a velocidades increíbles: en el ámbito convencional de la vida cotidiana, podemos parecer sólidos, pero en realidad, nuestro ser está en constante estado de movimiento. Esto significa que lo que fuimos en el pasado solo permanece como un recuerdo; realmente, esa persona no es alguien a quien podamos volver.

La vida avanza de un instante a otro. Aunque el momento presente es similar al momento pasado más reciente, no son fundamentalmente iguales. Del mismo modo, cuando abrazamos nuestra evolución y ponemos energía en la transformación, estamos dando una dirección más clara al flujo de cambio innato que ocurre dentro de nosotros. Reclamamos nuestro poder comprendiendo el pasado y viviendo de forma intencional el presente, lo que nos ayuda a construir el futuro al elegir actuar con sabiduría hoy.

Un sentido de identidad estancado puede hacer la vida más difícil. Ver tu sentido del yo como algo que nunca cambia va en contra del río natural de cambio que se mueve a través de la existencia. Permitirte el espacio para la transformación —crear nuevos hábitos, desarrollar nuevas ideas o perspectivas, dejar de lado viejos modos de ser— te ayudará a atravesar los altibajos de la vida. Una identidad flexible fomentará la fluidez y te ayudará a descubrir nuevas partes de ti mismo. Intentar permanecer igual, o volver a una antigua versión de ti mismo, es una forma de apego que aporta poca seguridad y provoca mucha tensión mental. Si todo lo que existe está impulsado por el cambio, nuestra única opción es abrazarlo y dejar que su movimiento inspire nuestra evolución.

Aceptar los momentos difíciles

La mejor versión de ti no es la que vive tiempos fáciles. La mejor versión de ti nace durante y después de los grandes desafíos. Los periodos difíciles nos dan la oportunidad de aplicar la sanación que hemos logrado hasta el momento y nos impulsan a evolucionar aún más. Los retos amplían nuestra capacidad de un modo que no lo hacen los momentos fáciles, ya que nos ayudan a ver cómo hemos crecido y de qué manera tenemos que seguir creciendo.

Con frecuencia, pensamos en la sanación en un sentido externo: intentamos eliminar los obstáculos de nuestras vidas sin darnos cuenta de que, para que nuestra sanación sea duradera, es más eficaz abordar nuestra propia percepción y reacciones. No hay nada de malo en decir no a las personas difíciles y ponernos en un camino mejor que apoye nuestra felicidad de un modo sustancial, pero sería poco realista esperar que podamos eliminar todas las dificultades de nuestras vidas. El océano de la vida fluctúa entre la calma y las tormentas. Honrar la verdad de que los momentos desafiantes son comunes nos ayudará a soltar la resistencia para que podamos atravesar los tiempos difíciles con menos tensión y utilizarlos para ganar más sabiduría. Afrontar las situaciones difíciles desde un lugar de acción equilibrado, en lugar de con una reacción ciega, es un signo de una madurez emocional emergente.

La madurez emocional se manifestará en mayor medida cuando nos volvamos profundamente hacia el interior para abordar todo aquello que ha quedado sin procesar de nuestra historia emocional. La madurez emocional aporta gran cantidad de cosas buenas a nuestra vida personal, pero también nos prepara para crear relaciones más profundas.

Reflexiones

- ¿De qué manera ha aumentado tu madurez emocional en los últimos meses? ¿Qué puedes hacer ahora que no podías hacer antes?
- ¿Recuerdas algún caso en el que hayas intentado huir de sentimientos o situaciones difíciles? ¿Cuáles eran?
- ¿Cómo ha afectado tu nivel de conciencia a tu madurez emocional? ¿Qué sientes al ser capaz de ver más de ti mismo?
- ¿Cómo es tu relación con tus emociones estos días? ¿Eres capaz de honrarlas y estar con ellas cuando surgen?
- ¿De qué manera te gustaría desarrollar tu madurez emocional a continuación?
- ¿Esperas la perfección de ti mismo? ¿Eres capaz de dejarla pasar cuando te das cuenta de que te estás exigiendo demasiado?
- ¿Te enfrentas a las cosas difíciles desde un lugar de paz o desde un lugar de dolor pasado?
- ¿Has encontrado tu punto medio?

relaciones

El amor tiene muchos sinónimos, como *claridad mental, compasión, desinterés, flexibilidad, atención, aceptación* y *comprensión*. Es tan poderoso porque es a la vez resistente y elástico, como el agua. El amor adopta la forma que necesita para unir a las personas de un modo sano y nutricio. Pero los seres humanos somos complejos y arrastramos el bagaje de las tendencias de supervivencia que construimos en los momentos difíciles. El amor es libertad, mientras que el apego es control, y todos los seres humanos entran en las relaciones con una mezcla de ambos.

El dolor que llevamos interrumpe el amor. Es fácil culpar al amor por el dolor que sentimos, pero lo que hace el amor es abrirnos. El dolor proviene de los condicionamientos pesados y de los patrones desafortunados que nos impiden mostrarnos de manera compasiva. Una persona puede estar enamorada pero no estar preparada para cuidar de ese amor. Una persona puede sentir amor por alguien más, pero puede tener tantos apegos que bloquea la apreciación de la increíble conexión que tiene ante sí. Los apegos, el deseo de que las cosas existan de un modo muy particular, son las piedras que obstruyen el poderoso flujo del amor. Nuestros apegos suelen estar moldeados por el dolor que hemos experimentado en el pasado. En este sentido, los apegos representan nuestra inflexibilidad.

El apego tiene un enfoque egocéntrico del amor, bajo el cual te centras demasiado en cómo quieres que te haga sentir tu pareja y no lo suficiente en tratarla bien. La conexión ofrece más espacio para el equilibrio, donde ambos buscan apoyar la felicidad del otro y se centran en la comunicación para encontrar un buen camino intermedio, en lugar de tratar de controlar al otro. Si una persona solo puede centrarse en conseguir el resultado que quiere, incluso a costa de la felicidad de su pareja, significa que su mente está dominada por los apegos. Cuando alguien solo se preocupa por lo que el otro le hace sentir y no se esfuerza lo suficiente por encontrar un punto medio en el que ambos den y reciban apoyo, estamos ante una conexión poco saludable. El verdadero amor alimenta la conexión, no el apego.

Lo que hace que las relaciones funcionen, incluso a pesar de nuestras imperfecciones, es el conocimiento de uno mismo. Ser capaz de ver en tu interior, prestar la suficiente atención a tus movimientos mentales para que las tendencias inconscientes se vayan aclarando poco a poco es un acto de amor hacia ti y hacia los que te rodean. Cuando puedes ver si estás motivado por el amor o por el apego, recuperas tu poder de las reacciones habituales y empiezas a utilizar tu intención para traer más armonía a tus respuestas. Se necesita conciencia para elegir el amor.

El amor invita a la sanación. Crea un camino para que dos personas no solo florezcan en la conciencia, sino para que desarrollen su madurez emocional. El amor es una luz poderosa. Si estás inmerso en él y dispuesto a crecer, te mostrará más de ti mismo. El amor no solo sirve para aliviarte; es un motor de evolución. Esforzarse por apartar las riendas del pasado de tu mente para que puedas llegar al presente como un ser humano sin cargas es un poderoso acto de amor.

El mayor regalo que la pareja puede hacerse es un compromiso continuo con su propia sanación personal. El amor que eres capaz de darte a ti mismo y a tu pareja está determinado por tu conciencia. A medida que tu nivel de conciencia aumenta, mayor será tu capacidad para realizar acciones intencionadas que sean auténticas. Si ambos encuentran métodos que les ayuden a descargar el pasado que llevan a cuestas, descubrirán que sus mentes son más ligeras y habrá más espacio para profundizar en su conexión. El amor es una fuerza dinámica, y si ambos son capaces de soltar sus apegos, fluirán juntos con mayor facilidad.

La incómoda verdad es que para quienes nunca se han aventurado a sanarse, será difícil amar bien. Quienes sí se toman en serio su sanación tienen más posibilidades de encontrar formas saludables de apoyar la felicidad del otro. Vale la pena esforzarse por construir el tipo de hogar en el que ambos sientan la plenitud de la libertad y el apoyo reconfortante de los compromisos voluntarios que han contraído el uno con el otro.

●

nos permitimos amar porque vale la pena el riesgo
aunque exista la posibilidad de pérdida o daño
damos el salto una y otra vez
porque el amor es una de las mejores partes de estar vivo
no lo hacemos porque sea fácil
lo hacemos porque la conexión vuelve todo más brillante

Después del desamor

Las rupturas dejan una huella muy honda. El dolor que causan se extiende por todo nuestro ser y es una profunda fuente de angustia. El final de una relación es el final de un hogar. Poner tanto amor, energía emocional y esfuerzo en la construcción de un espacio que los acoja bien a los dos es algo abismalmente sagrado. Cuando llega a su fin, no es de extrañar que sintamos una pena tan honda. Ese dolor va a moldear lo que buscamos en futuras relaciones y cómo nos comportamos una vez que estamos en ellas. A menudo, esto se traduce en la dificultad para abrirnos de nuevo, por miedo a que nos hieran otra vez, o por falta de confianza y por sentirnos indignos. Los desengaños y los finales siempre ponen de manifiesto lo valioso que es el amor propio. Cuando el amor propio falta en nuestro interior, afectará a nuestras conexiones.

Si potenciamos el amor que ya existe dentro de nosotros, puede nutrirnos y hacernos sentir mucho más completos de lo que podría hacerlo una relación de pareja. La verdadera plenitud viene de nuestro interior. El periodo de dolor es reflexivo, y uno de sus regalos es que puede mostrarnos lo que nos falta. Y si somos sinceros con nosotros mismos, no solo puede activar el amor propio, sino que puede impulsar nuestro crecimiento al poner de relieve rasgos de nuestro carácter que se beneficiarían de un cultivo positivo. Examina cómo puedes ser un poco más autodeterminado, más comprensivo, mejor oyente y no tan apegado o controlador. Esto será excepcionalmente útil a medida que avanzas y este tipo de autoanálisis es algo que las personas valientes hacen todo el tiempo.

Parte del amor que debemos cultivar en nuestro interior es aceptar las duras verdades sobre los errores cometidos. ¿Qué patrones seguimos manteniendo que necesitamos trabajar, y cómo deberíamos comportarnos en adelante cuando aparezca otra conexión? También debemos examinar lo que buscamos en una pareja. La belleza es tan satisfactoria que debemos asegurarnos de que también buscamos cualidades que encajen bien con las nuestras. La clave es hallar a alguien que te complemente con su propio nivel de madurez emocional, su voluntad de crecimiento, su amabilidad y su honestidad.

El sentimiento de estar completo y ya no alienado no puede provenir del amor o la aprobación de otra persona, aun cuando pueda aportar una sensación de satisfacción. No es ni de lejos tan poderoso como el hecho de que tú cimientes en tu interior un profundo sentimiento de autoaceptación. *La única manera de acabar con la soledad es que dejes de estar lejos de ti mismo.* La distancia que muchos de nosotros sentimos dentro se acorta siendo completamente honestos y llevando la paz de la autoaceptación a cada parte de nosotros mismos y de nuestra historia. Cuando ya no estamos en guerra con nosotros mismos, nuestro amor propio comienza a florecer. Si te tomas el tiempo necesario para conocerte y amarte de una forma profunda, te sentirás en verdad satisfecho, y esto, a su vez, hará que todas tus conexiones sean mucho más significativas y fructíferas.

Uno de los aprendizajes más valiosos que puede generar el desamor es darnos cuenta del tipo de cualidades que deseamos en una pareja. El hecho de que exista una conexión no significa que haya suficiente preparación emocional para construir una relación nutricia. Aunque nadie es perfecto, estar abierto a alguien con una base de madurez emocional mientras cultivas la tuya aumentará tus posibilidades de conectar con mayor profundidad la próxima vez. Tu energía emocional es sagrada, y no hay nada de malo en tratarla como tal. Si lo que buscas es una conexión, entrega tu energía emocional a una persona que esté dispuesta a valorarla y a dar la suya.

El amor propio es una cuestión de autoestima que aporta equilibrio a cada conexión que establecemos. Cuando construimos un hogar dentro de nosotros mismos, amueblado con madurez emocional y edificado sobre una base de conciencia, en realidad nos estamos preparando para el éxito futuro cuando decidamos abrir nuestro corazón de nuevo a otra persona. El amor es tan atractivo que incluso el dolor de los finales no deseados acabará cediendo ante la posibilidad de que encontremos la conexión adecuada con alguien que también esté preparado para el tipo de amor que va más allá del nivel superficial, un amor que acoge el crecimiento y la vulnerabilidad. Hasta en aquellos momentos en los que nos parece increíblemente difícil abrir nuestro corazón a una profundidad tan sensible, damos un salto adelante cuando nuestra intuición nos deja claro que debemos volver a intentarlo.

Las personas son muy diferentes: a algunas les gusta estar solas, mientras que otras desean tener una pareja. Pero en cada caso hay muchas conexiones en tu vida que se beneficiarán directamente si tienes una relación sana contigo mismo. El amor existe en todos los seres humanos, pero las formas de demostrarlo dependen de tus condicionamientos y preferencias. Lo que más importa es que atiendas el amor que habita en tu interior para que puedas utilizarlo como una luz mientras viajas por la vida.

●

no serán pocas las personas
que encontrarás físicamente hermosas
pero hallar a alguien que coincida
con la madurez que estás buscando
la dedicación para crecer
el humor que reconforta
y alguien que se sienta bien en tus brazos
y en tu vida es increíblemente único

Tu sanación eleva la relación

Si permites que los bloqueos en tu interior permanezcan como están y que las heridas que llevas se enconen, entonces será fácil caer en un ciclo en el que siempre busques validación externa. Y esa misma falta de conciencia hará que sea fácil proyectar constantemente en los demás la aspereza que sientes, en especial en los más cercanos. El amor propio es la pieza que falta en muchas relaciones. Por eso, algunas de las relaciones más hermosas se desarrollan con el tiempo y son impulsadas a evolucionar cuando ambas personas se dan cuenta de que tienen mucho que sanar dentro de sí mismas.

Aunque la conexión sea fuerte, es necesario que haya mucho tiempo intencionado para que ambos aprendan las preferencias del otro y sepan cómo su historia emocional, sus traumas y sus aspiraciones afectan la forma en que se muestran en su relación. Aunque el amor entre ustedes fluya con facilidad, seguirá habiendo obstáculos que superar. El amor abre la puerta a la vulnerabilidad, la cual permitirá que aflore más de cada uno. Aceptar esta vulnerabilidad arroja más luz sobre los patrones que cada uno lleva, los miedos que buscan superar y el profundo dolor que cada uno carga inconscientemente en su vida. Los corazones abiertos necesitan un cuidado tierno y, aunque ambos acojan la vulnerabilidad, será necesario conocerse bien para aprender a mantener el espacio adecuado durante estos momentos de revelación curativa.

Dado que la sanación es el cultivo de la armonía dentro del individuo, existe una conexión directa entre la profundidad de su sanación y su capacidad para navegar por los altibajos de una relación. No es posible un flujo perfecto de felicidad, alegría y diversión sin fin entre dos personas. Tus imperfecciones, tu ego y tus patrones de hábitos de supervivencia causarán ocasionalmente grietas que crearán fricciones en tu relación. El mundo exterior también planteará dificultades que tendrás que sortear y a las que deberás adaptarte. Pero si se manejan con habilidad, estos retos pueden acercarlos aún más, creando confianza y comprensión.

Una de las mejores maneras de conocerse a sí mismo es a través de la interacción con otros seres humanos. Los retiros de meditación en silencio o las sesiones individuales con un terapeuta son muy productivos, pero poner en práctica las habilidades que has desarrollado en el mundo real te permite conocerte a ti mismo de una forma totalmente nueva. Las relaciones íntimas llevan esas interacciones a otro nivel porque ambos deciden crear un vínculo mutuo. Juntos, emprenden la aventura de construir un hogar en el que los dos se sienten seguros, libres y nutridos.

La profunda proximidad de las relaciones las convierte en excelentes incubadoras de crecimiento personal. Estar en presencia del otro no solo permite practicar el amor, sino que obliga al ego a verse a sí mismo, aunque resulte difícil de soportar. La proximidad entre seres humanos imperfectos, aun cuando han cultivado mucha madurez emocional y se han tomado en serio su trabajo interior, acabará provocando algún tipo de discordia o conflicto. Intenta ver estos momentos como oportunidades para que ambos se vean con más claridad; momentos en los que la armonía decae para que pueda reconstruirse con un diseño más sabio.

Ya sea por viejos patrones anquilosados que se interponen en el camino de amarse correctamente o a una falta de conciencia que no te permite ver cuándo estás proyectando tus emociones, son comunes la culpa injustificada y la ira descontrolada cuando no somos conscientes de nuestros movimientos mentales. Las relaciones son a menudo situaciones en las que el amor está claramente presente, pero lo que las hace difíciles es todo el peso emocional que llevas contigo y que frena el flujo de la observación clara y el apoyo compasivo de la felicidad del otro. Cuando tu mente está cargada de tumulto y dolor no resuelto, las personas que te rodean se verán afectadas por tus luchas internas. Aunque intentes olvidar esas luchas, lo que no se procesa se revelará en tus acciones, palabras y pensamientos. Si dejas que tu pasado te domine, será difícil amar bien a los demás en el presente.

Mi mujer, Sara, y yo nos conocimos en la Universidad de Wesleyan. Ella era una estudiante de primer año y yo era un estudiante de segundo año y el asesor residencial de su piso. Muy pronto encontramos la amistad en el otro y hablábamos durante largas horas hasta la noche. Aunque la conexión inmediata entre nosotros era bastante fuerte e innegable, ninguno de los dos pensó en ser más que amigos hasta unos meses después, cuando me di cuenta de que estaba desarrollando sentimientos más profundos por ella. Curiosamente, nuestros amigos pensaban que ya éramos pareja porque pasábamos mucho tiempo juntos, pero la verdad era que nos buscábamos para compartir más de nuestras historias de vida. Aun así, me ponía increíblemente nervioso hablarle de los nuevos sentimientos que sentía por ella.

También me di cuenta de que no era el único chico que buscaba su atención, así que no estaba seguro de que me considerara algo más que un amigo. Pero una noche, a principios de noviembre, me armé de valor para decírselo. Sabía, por el tiempo que pasábamos juntos, que ella no había tenido una relación antes, y probablemente me emocioné más de la cuenta cuando por fin pude contarle mis sentimientos, pero aun así me sorprendió que su primera reacción fuera decir que necesitaba espacio para pensarlo. Más tarde, esa misma noche, me dijo que estaba dispuesta a hablar, pero lo primero que dijo cuando nos reunimos fue: "¿Qué piensas a largo plazo?". Estaba tan confundido por su pregunta que le dije: "¿Tan siquiera te gusto?". Por suerte, sí le gustaba, pero ella no quería arriesgar nuestra amistad por un breve encuentro (todavía nos reímos de ese momento).

Solo unas semanas después nos dijimos que nos amábamos. Se nos escapó. Pero no teníamos ni idea de cómo construir una relación sana juntos. Entre los dos, había una total inmadurez emocional. Discutíamos a menudo, oscilando todo el tiempo entre los dos extremos de estar salvajemente enamorados y de culparnos mutuamente por el dolor interior que no sabíamos cómo gestionar. Aunque hablábamos mucho, nos comunicábamos mal. Nuestras peleas se prolongaban porque ambos nos concentrábamos en ganar. Ninguno de los dos tenía paciencia para ser una persona mejor.

Durante años, ninguno de los dos pudo ver por completo, y mucho menos comunicar al otro, cómo gran parte de la fricción estaba causada por la tensión no observada y no resuelta que habitaba en nosotros como individuos. Como ambos carecíamos de conciencia de nosotros mismos, nos costaba vernos con claridad. Aunque estuvimos juntos durante años, siempre hubo una distancia entre nosotros.

Mucho se debía a la falta de honestidad que tenía conmigo mismo sobre la tristeza y la ansiedad que periódicamente rugían en mi mente y me empujaban a reforzar hábitos poco saludables. Ambos deseábamos el control de diferentes maneras y nos culpábamos el uno al otro por cosas que no eran razonables. Los primeros seis años de nuestra relación se sintieron como si estuviéramos entrando y saliendo de un huracán juntos. Muchas veces estuvimos a punto de dejarlo, y a veces la ruptura estuvo increíblemente cerca, pero la conexión entre nosotros nos hizo volver. Hoy me siento muy agradecido por haber seguido intentándolo. Ahora nos sentimos muy afortunados de habernos conocido tan jóvenes y de haber llegado a estar juntos durante tanto tiempo, pero fue el trabajo de sanación que ambos emprendimos lo que salvó nuestra relación y la convirtió en el pilar de fortaleza que es ahora en nuestras vidas.

No fue hasta que ambos empezamos a meditar que las cosas cambiaron de verdad. Curiosamente, a ambos nos atrajo el mismo estilo de meditación, el cual todavía se adapta muy bien a nuestros condicionamientos individuales. Los dos comenzamos a ver que nuestra relación con nosotros mismos como individuos era un completo desastre y que gran parte de nuestro comportamiento no era auténtico en absoluto. En su mayoría, estaba compuesto por reacciones impulsadas por traumas pasados o emociones intensas que habíamos acumulado a lo largo del tiempo. Todos estos patrones de hábitos ciegos se interponían en el camino para amarnos bien.

La meditación tiene la capacidad crítica de crear conciencia de uno mismo, lo que nos ayudó a darnos cuenta de que nos culpábamos mutuamente de cosas que en realidad no tenían nada que ver con el otro. Poco a poco, los dos empezamos a percatarnos de cómo nuestra tensión interna intentaba empujarnos a torcer la lógica para encontrar una manera de hacer que la culpa recayera en el otro. Es cierto que a veces cometíamos errores que irritaban al otro, pero muchas veces buscábamos crear algún problema cuando nuestro estado de ánimo era bajo. Poco a poco, el constante señalamiento con el dedo se convirtió en un "quiero que sepas que no me siento bien en este momento", que es una señal de que, en ese instante, nos vendría bien un poco de apoyo y compasión.

Había cualidades esenciales que la meditación cultivaba en nuestras mentes por separado. Ambos empezamos a mejorar nuestra capacidad de no dejarnos llevar por los impulsos reactivos inmediatos, de observar el torrente de emociones, en lugar de dejarnos arrastrar por ellas y hacer que los problemas fueran peores de lo que ya eran. La capacidad de hacer una pausa y responder, en lugar de reaccionar de forma inmediata, se fortaleció con el tiempo gracias a nuestra meditación, que nos enseñó a observar el fuego sin echarle más combustible.

Ambos comenzamos a entendernos mejor a nosotros mismos. Llegamos a conocer en profundidad lo que queríamos de la vida, a qué aspirábamos, cómo nuestro pasado estaba afectando a nuestro presente y cómo nuestros viejos condicionamientos nublaban nuestra capacidad de ser plenamente receptivos el uno con el otro. Vimos nuestros miedos y aprendimos que era mucho más valioso hacer las paces con ellos que intentar enterrarlos o huir. Aprendimos que, si queríamos construir la libertad en nuestra mente, teníamos que tomar el camino de la honestidad. Vimos cómo la dureza de nuestra mente nos impedía ser amables con los demás en la vida real. La conexión entre lo que ocurría en nuestras mentes y la forma en que nos tratábamos el uno al otro se hizo sorprendentemente clara. Pero esto también nos dio esperanzas, porque a medida que nuestras mentes se volvían menos densas, la paciencia, el amor y la autosuficiencia podían fluir con mayor facilidad entre los dos.

Para ambos, los dos primeros años de meditación fueron un periodo de autodescubrimiento y fuerte determinación. Sabíamos que la sanación que se producía en nuestras mentes estaba dando grandes resultados porque los dos nos sentíamos mucho menos tensos, pero también sabíamos que teníamos que seguir comprometidos con la práctica para poder beneficiarnos plenamente del proceso. Empezamos asistiendo a retiros, pero con el tiempo nos dimos cuenta de que nos beneficiaría muchísimo comenzar a meditar a diario en casa. Nos pareció un esfuerzo hercúleo luchar contra la mezcla de pereza y la sensación de estar demasiado ocupados para hacer un hueco en nuestras vidas para la meditación diaria. Tenía sentido hacerlo porque invertir en la salud de nuestras mentes iba a traer más armonía a nuestras vidas, pero incluso esa clara lógica no hacía que sentarnos en el cojín fuera más fácil. Finalmente, pusimos los pies en la tierra y decidimos que, pasara lo que pasara, íbamos a avanzar en esta dirección. Nada iba a detenernos.

Cada pareja tiene su propia historia, sus propios métodos para superar los obstáculos a los que normalmente se enfrentan las relaciones. Hace poco me reencontré con dos buenos amigos que conocí en Wesleyan; llevan juntos casi tanto tiempo como Sara y yo. Durante la cena nos pusimos al día sobre las cosas comunes, pero no quise perder la oportunidad de averiguar si tenían alguna sabiduría que compartir sobre cómo seguir siendo felices juntos. Les dije: "Sé que es una gran pregunta y es probable que lo mejor fuera hacérsela por separado, pero ¿cómo va su relación?". Se sonrieron y me contaron su verdad. Hacía poco que se habían ido a vivir juntos después de años de residir en ciudades diferentes. La pandemia los impulsó a dar el salto. Pero no fue fácil al principio; no tenían mucha experiencia en el trato mutuo fuera de las visitas cortas, durante las cuales se centraban sobre todo en la diversión y la conexión ligera. Si alguno de los dos experimentaba un bajón en esos días, se sentía mal porque quería mantener la alegría durante el poco tiempo que pasaban juntos. Pronto descubrieron, después de irse a vivir juntos, que se habían mantenido lejos de los grandes temas que debían tratar. Por fortuna, no esperaron a ver si las cosas "se arreglaban solas" y buscaron ayuda en una terapia de pareja. Se rieron al describir el proceso de búsqueda del terapeuta adecuado, pero por fin encontraron a alguien con quien se sentían cómodos. El terapeuta les ayudó a salir de los viejos patrones y a abordar los problemas que se interponían en el camino del amor mutuo.

Me hablaron de un patrón particular que había dejado una gran huella: inconscientemente se habían aferrado a la idea que tenían el uno del otro desde que se conocieron. En sus mentes, se veían como sus versiones más jóvenes en la universidad, pero esto se estaba convirtiendo en un obstáculo en su relación porque habían crecido y cambiado de manera profunda. Aprendieron que tenían que ser intencionales para amar a la persona que está frente a ellos ahora. Esas viejas imágenes que llevaban el uno del otro no incluían la multitud de heridas, la sabiduría y la sanación personal acumuladas a lo largo de los muchos años transcurridos desde que se conocieron. Eran personas nuevas, pero seguían enamoradas, un amor más profundo y maduro. Por fin, empezaron a conectar con la persona que tenían delante, en lugar de con una versión anticuada que solo existía en el pasado.

Me alegré mucho por ellos porque la fuerza de su conexión era evidente y su compromiso con el crecimiento había añadido mucho más a su relación. Ambos se sentían frescos y muy cómodos en presencia del otro. Hasta hablaron de la posibilidad de ver a su terapeuta unas cuantas veces más para ser proactivos en su relación, aunque el amor era ahora brillante y habían alcanzado un nuevo nivel de armonía. Dijeron que su experiencia con la terapia de pareja había sido tan valiosa que creían que obtendrían más conocimientos valiosos de ella que les ayudaría a seguir profundizando y mejorando su conexión.

Una buena comunicación marca la diferencia

Las parejas son sorprendentemente diferentes, y la forma en que se desarrollará la historia de su relación será única para ti. Sin embargo, aunque las relaciones son complejas y situacionales, es posible crear sistemas que se adapten a la tuya. Tal vez sea a través de la meditación o de terapia de pareja, o de otro método totalmente distinto, pero merece la pena el esfuerzo de encontrar la herramienta que les funcione a ambos para construir la armonía y la conciencia.

Un elemento clave para desarrollar una relación armoniosa es establecer un marco de comunicación que les ayude a manejar los momentos de bajón. Hay que pensar en qué hacer cuando uno de los dos se siente deprimido y en cómo manejar el conflicto siempre que surja.

Cuando uno de los dos se siente mal, es esencial comunicarlo de forma clara a la pareja. Hacerle saber en qué punto de su espectro emocional se encuentra les dará a ambos el conocimiento que necesitan para manejar el momento de forma pacífica y exitosa. Para la persona que se siente deprimida, nombrar el sentimiento ayuda a sacarlo a la luz para que no haya confusión y para que no tenga que actuar como si fuera más feliz de lo que en realidad es. Cuando tu conciencia abraza la realidad del momento difícil, entonces pueden apoyarse en tratarse con suavidad mientras pasa la tormenta. Aceptar tu posición interior te ayuda a evitar que estas duras emociones temporales intenten torcer la lógica y crear un conflicto donde no lo hay.

Admitir en voz alta que nuestro estado de ánimo está decaído puede ser a veces difícil porque estamos revelando nuestras imperfecciones y vulnerabilidades. Pero a menudo este acto ayuda a romper la espiral mental descendente. A veces, nuestros estados de ánimo difíciles tienen una causa clara, como algo del pasado que se desencadenó, pero otras veces nuestros cambios emocionales no serán tan fácilmente identificables. Es como despertarse por la mañana: a veces te levantas con tristeza o algún tipo de pesadez mental, y otras veces te levantas de la cama dispuesto a dar lo mejor de ti y a afrontar el día. Tanto si conoces la causa como si no, la forma de aceptar la realidad que hay en ti y de gestionar tus reacciones para que no empeoren depende de ti. Tu poder está en cómo respondes a la situación mental que se te presenta.

Sara y yo hemos elaborado un sistema para apoyarnos mutuamente en los momentos emocionales difíciles. Nos hacemos saber cuando nuestras emociones se sienten turbulentas diciendo: "El enojo está a la alza" o "Hay mucha ansiedad moviéndose en mí", en lugar de decir: "Estoy enojado" o "Estoy ansioso". Decirlo así reafirma que nuestra identidad está separada de esta emoción temporal. La siguiente parte de nuestro sistema es que el que se siente más equilibrado toma la iniciativa para apoyar al otro. Cuando uno se siente deprimido, el otro intenta aligerarlo cocinando la cena, limpiando o haciendo cualquier otra tarea que le parezca excesiva ese día. Intentamos dar un paso adelante y apoyarnos mutuamente, porque aunque las tormentas son temporales, pueden ser bastante perturbadoras cuando las atraviesa una persona. Hemos comprobado que es preferible pedir apoyo a recibir culpa o tensión mal dirigidas. Pedirle a tu pareja que te dé espacio mientras te enfrentas a lo que ocurre en tu interior puede ayudarte a navegar sin problemas por la tormenta y a minimizar cualquier fricción que surja cuando te encuentres en un momento difícil.

Cuando las personas están cerca es inevitable que haya algún conflicto, pero los individuos emocionalmente maduros tratarán de utilizarlo como una oportunidad para construir la comprensión y desarrollar una armonía más profunda. Ninguna relación es perfecta porque ningún individuo es perfecto. El conflicto es natural porque todos tenemos egos que normalmente están más movidos por el deseo que por la honestidad. Cuando surge el conflicto, no es una señal de que algo está mal, y no es necesariamente algo malo. Si se maneja con prudencia, puede ayudar a ambos a conocerse a mayor profundidad y a honrar sus verdades sin dejar de ser flexibles. El conflicto no debe verse como algo que nunca debería ocurrir; de hecho, es algo que va a suceder, así que es mejor que aprendan a manejarlo con habilidad.

Siempre que surja un conflicto entre los dos, lo esencial es tener en cuenta que gestionar los problemas no consiste en ganar. Si ambos siguen intentando ganar la discusión, ambos perderán. El ego desea ganar, pero la claridad amorosa busca comprender. Cuando le das conciencia a tu ego, este pierde su poder y deja más espacio para que tus acciones sean motivadas por la compasión. *Cuando ambos dejan de querer ganar, lo que queda es hacer lo mejor posible para comprender al otro.* Para ver al otro con claridad, tienen que turnarse para compartir su perspectiva. Cuando uno comparte su punto de vista, el otro tiene que hacer lo posible por escuchar con atención. A veces es una tarea muy difícil, sobre todo si tus emociones están envueltas en la situación. Pero si ambos se dan cuenta de que el punto de vista de la otra persona es válido y que, de hecho, no niega el propio, esto ayuda a calmar la situación para poder escuchar de todo corazón su perspectiva y tratar de ponerse en su lugar. Esto solo funciona si ambos se turnan y aceptan en serio la tarea de escuchar abiertamente y con calma.

La escucha autónoma requiere un cierto grado de madurez emocional, es decir, la capacidad de sentir tu verdad, pero sin estar totalmente dominado por ella, de modo que puedas captar algo más de lo que está ocurriendo, en lugar de tus emociones inmediatas. Cuando llegue el momento de compartir tu perspectiva, lo más útil es describir las cosas desde tu punto de vista, sin ser acusador o estar a la defensiva. Céntrate en describir cómo te ha hecho sentir algo y cómo hubieras preferido que transcurrieran las cosas. Si te das cuenta de que has hecho algo mal, asúmelo abiertamente y hazte responsable de ello. Esto no significa que renuncies a tu poder, sino que es una poderosa herramienta para desactivar una discusión. Si se trata de una situación en la que ambos hicieron algo para molestar al otro, lo mejor es tener la humildad de asumir su parte y disculparse por ello.

¿Qué significa apoyar la felicidad de los demás?

A veces, *apoyar* parece un término vago porque el apoyo que necesitamos como individuos es muy situacional. Lo que necesitamos puede cambiar de un día a otro y, desde luego, de un año a otro. Pero hay algunos elementos esenciales claros sobre la prestación de un apoyo adecuado que pueden ayudarnos a navegar por este aspecto crítico de las relaciones sanas.

Comprende que otra persona no puede hacerte feliz. Esta suele ser una de las píldoras más difíciles de tragar. La sociedad nos ha condicionado a creer que seremos felices cuando tengamos la relación adecuada. Nos dicen que nuestra pareja será capaz de aportar todo lo que nos falta en la vida, que una persona puede satisfacer todas nuestras necesidades y deseos y darnos una alegría ilimitada. La verdad es que se trata de expectativas poco saludables que se basan en un fuerte apego al placer. No tenemos más remedio que responsabilizarnos de nuestra propia felicidad. La felicidad tiene que cultivarse de dentro hacia fuera. Tu estado mental da color y vitalidad a tu entorno externo. Si no has evaluado adecuadamente tu paisaje interno puedes tener una vida tranquila y una pareja maravillosa y seguir siendo infeliz.

Comprende que otra persona no puede arreglar tus problemas emocionales. Del mismo modo, a menudo esperamos que nuestras parejas sean la respuesta a nuestras propias turbulencias internas. Pensamos que el amor que nos dan será suficiente para traer una paz duradera a nuestra mente y borrar el duro pasado que nos afecta a diario. Evitar la responsabilidad, no hacer nada para entender tu propia historia y no intentar gestionar tus reacciones creará conflictos en tu relación. Si no comprendes que tu estabilidad emocional descansa sobre tus propios hombros, será fácil caer en un bucle en el que culpas a tu pareja de la tensión interna que surge en ti, incluso cuando esa tensión no está necesariamente relacionada con ella.

Reconoce que el apoyo sano tiene que ser mutuo. Ambos deben hacer lo posible por estar ahí cuando el otro lo necesite. Se precisa de dos personas que den apoyo activo para crear una relación armoniosa. Si solo una persona está en un estado constante de dar y la otra está siempre recibiendo sin hacer nunca su parte, muy pronto la relación se tornará agotadora. Las relaciones de pareja deben ser un espacio de crecimiento y rejuvenecimiento. Es más que probable que las dos personas que entran en la relación tengan todavía mucho que aprender sobre sí mismas y sobre lo que se necesita para crear un amor duradero, pero aquí es donde la comunicación se vuelve fundamental. Hacerle saber al otro que necesitas de su apoyo le da la oportunidad de esforzarse, incluso si brindar apoyo activo es algo nuevo para él. No vamos a acertar siempre, pero un esfuerzo notable creará una diferencia sustancial.

Evita la coacción y la manipulación. Para lograr una verdadera unidad entre ambos, el apoyo a la felicidad del otro tiene que ser voluntario. Nuestras capacidades emocionales son muy diferentes, y también lo son nuestras fuerzas, así como los modos en que mostramos y preferimos recibir amor. Exigir una forma muy concreta de apoyo puede ser contraproducente si no le parece saludable a la otra persona comportarse de la manera que le pides. En última instancia, podemos pedir apoyo, pero no podemos acorralar o coaccionar al otro para conseguir lo que queremos. Eso no es amor verdadero y es potencialmente dañino. Lo que sí es posible es compartir de un modo paciente cómo te gustaría que te apoyaran y comprobar dentro de ti si esas son las formas en las que puedes estar para el otro. La clave es encontrar una correspondencia entre las maneras en que tu pareja busca apoyo y lo que sientes posible dentro del ámbito de tu rango emocional. Si te piden algo que no es posible para ti, hónrate a ti mismo diciéndolo con claridad.

Flexibilidad. La última pieza crítica es la flexibilidad. Estemos o no abiertos al crecimiento, todos somos seres en constante cambio. Lo que funciona un día puede no ayudarnos en una nueva situación. Cuando ambos se apoyan en la comunicación activa y comprueban cómo es el apoyo útil para cada uno, se están preparando para el éxito. Los juegos de adivinanzas son una receta para el desastre, así que nunca esperes que tu pareja te lea la mente. Es mejor que le digas dónde estás y qué necesitas para que la persona a la que amas pueda venir a apoyarte. Ver al otro como un ser cambiante que, naturalmente, tendrá preferencias en continuo movimiento a lo largo del tiempo hará más fácil transformar las cosas cuando sea necesario.

Sara y yo siempre estamos trabajando en nuestra relación, pero una cosa de la que creo que ambos hemos sido conscientes desde que empezamos a crecer intencionadamente como individuos es no exigir que sea perfecta. Exigir la perfección a una relación la destruirá. Hacer las paces con este hecho y darse cuenta de que una relación es la última práctica de compartir (compartes tu vida, tu alegría, las partes difíciles y las victorias) te ayudará a cultivar la cantidad adecuada de generosidad para impulsar a la relación en su propio viaje de crecimiento y evolución. Aunque cada uno es un individuo, no existen como entes asilados: se abren lo suficiente para que su vínculo amoroso pueda mantenerlos a ambos como uno solo. Tu unión tiene esencialmente tres componentes principales: tú, tu pareja y su relación. Y los tres deben ser alimentados, nutridos y cultivados para que la armonía fluya con mayor facilidad.

Cada uno debería obtener al menos la mitad de lo que quiere. Pero la mitad que consigues no permanece estática. Debe cambiar con el tiempo y reflejar las cosas que son realmente importantes para ti. Esto puede incluir las formas en que te gusta que tu pareja apoye tu felicidad, el tiempo que pasan juntos y otras decisiones relevantes que los afectan a los dos. Mediante una comunicación clara, ambos pueden especificar no solo lo que en verdad les importa a la hora de establecer el diseño emocional de su hogar, sino las decisiones más mundanas de cada día, como qué comer o ver juntos en la televisión. Puedes preguntarte: si solo consigo la mitad de lo que quiero, ¿podría ser realmente feliz? ¿Es realista? Puesto que son dos seres soberanos, no hay otra opción justa que compartir el liderazgo; si una persona lo decide todo en la relación, esto muy pronto puede derivar en un patrón poco saludable o incluso hiriente. Esto no quiere decir que cada uno no tenga diferentes puntos fuertes en la toma de decisiones. A Sara se le da muy bien tomar decisiones en el día a día, como organizar las tareas cotidianas que tenemos que realizar, mientras que yo destaco en las decisiones a largo plazo, como saber cuándo es el momento de hacer una gran mudanza o planificar nuestro futuro. Yo me inclino a tomar riesgos y ella es reacia a ellos. Entender eso del otro nos ayuda a situarnos en un punto medio para que ambos nos sintamos cómodos con las decisiones importantes que tomamos. Por supuesto, ambos escuchamos la opinión del otro en todas las decisiones conjuntas, y discutimos las cosas a fondo. Las relaciones funcionan cuando se busca compartir el control de forma intencionada. Las situaciones en las que una persona se empeña en conseguir siempre lo que quiere son, por definición, insanas. En el mejor de los casos, cada uno puede controlar la mitad de la relación, pero no toda.

Si solo consigues la mitad de lo que quieres, debes saber que la otra mitad no está perdida. Más bien, obtienes la otra mitad al sentir una alegría plena por la felicidad de tu pareja al conseguir lo que quiere. Si amas de verdad a tu pareja querrás apoyarla para que honre su poder y sea feliz. Es muy probable que obtengas mucho más que la mitad de lo que quieres porque los intereses de tu pareja y los tuyos se alinearán en muchos casos diferentes. Si la amas de verdad, sentirás alegría cuando consiga lo que anhela.

Profundizar en la comunicación

La falta de comunicación entre dos personas es sumamente común porque cada vez que alguien habla está traduciendo sus sentimientos en palabras, y luego la otra persona tiene que interpretar esas palabras a través del filtro de sus propios sentimientos actuales y su historia emocional pasada. Dado que nos comunicamos a través de filtros de percepción, hace falta un cierto grado de calma y madurez emocional entre dos personas para preguntarse: "¿Qué quieres decir con esto?" o "¿Puedes decirme más?", a fin de entender en verdad lo que se dice. Es probable que una comunicación sin paciencia se convierta en un conflicto. La comunicación con paciencia tiende a una conexión más profunda.

No se puede exagerar el poder de la comunicación en una relación. Es el cimiento de su unión y su salvador en los momentos difíciles. La comunicación es la forma de mantener al otro informado sobre tus verdades individuales y sobre cualquier cambio que se produzca en tus necesidades. Sobre todo al principio de la relación, es mejor comunicarse con frecuencia y no que se excedan en la comunicación hasta que ambos desarrollen una mejor comprensión del otro. Con franqueza y tiempo, aprenderán más sobre las preferencias del otro. Aunque lleven décadas juntos, no podrán leerse la mente y, como ambos son seres cambiantes, seguirá habiendo nuevas opiniones, ideas e historias que compartir con el otro. Escucharse mutuamente con una mentalidad generosa —en la que cada uno deja de lado su propia visión por un momento para poder examinar de manera compasiva la de su pareja— les ayudará a ambos a construir una comprensión mucho más profunda de la forma en que cada uno experimenta las cosas.

ligereza

●

el verdadero cambio de juego es cuando dejas
de hacer suposiciones sobre lo que dice tu pareja
y simplemente le pides una aclaración
esto puede impedir que las falsas narrativas
que provocan altercados se cuelen en tu mente
y evitar que tus sentimientos sean heridos

Si pueden turnarse para practicar la escucha generosa, ambos sentirán que su realidad es atendida. Los modos de comunicación saludables, basados en la honestidad compasiva y la escucha sin prejuicios, crean un nivel de respeto más profundo entre los dos. Aunque las perspectivas puedan ser confusas debido a lo que cada uno ha vivido en el pasado, es muy valioso honrar el hecho de que incluso una perspectiva confusa puede tener implicaciones reales sobre cómo te sientes. Todos los seres humanos quieren ser mirados. Si puedes darle ese regalo a tu pareja, construirás una increíble cantidad de confianza y unidad.

El tipo de comunicación que acerca a dos personas no puede darse sin honestidad. Es fácil caer en ciclos de mentiras piadosas como medio para complacer a la gente o para evitar el conflicto, pero incluso las pequeñas mentiras crean distancia. Para alcanzar niveles más profundos de amor y unidad, tienes que tomar el camino de la honestidad contigo mismo y con los que te rodean. Si en verdad quieres estar con alguien, significa que no hay espacio para huir o mentir. Un sinónimo de *amor* es *verdad*.

La realidad es que cometerás errores y ninguno de los dos va a acertar siempre. Estar en una relación madura no es cuestión de perfección, sino de aceptar el hecho de que ambos están en pleno crecimiento, lo que hace que la comunicación sea aún más importante. Lo que los une no es solo el amor que se profesan, sino los compromisos que ambos asumen de forma voluntaria para que su relación prospere.

madurez es ser capaz de mantener
tu energía como quieres
cuando alguien cercano trata
de arrastrarte a su tormenta

los escuchas
les ofreces apoyo
pero al mismo tiempo
permites que su tensión sea suya
y permites que tu paz sea tuya

El valor de la amistad

Señales de una profunda conexión entre amigos:

- Risa en abundancia.
- Se fomenta la honestidad.
- El apoyo es real y activo.
- La vulnerabilidad es bienvenida.
- Puedes bajar la guardia.
- Se inspiran mutuamente para crecer.
- Se dan buenos consejos.
- Ambos se sienten más fuertes juntos.
- Se ayudan mutuamente a sortear las tormentas.

Algunas de nuestras mejores conexiones son con la familia que elegimos. Cuando conectamos con las personas adecuadas, la diferencia es enorme. Hacemos muchos amigos a lo largo de nuestra vida: algunos son temporales, otros duran unos años y unos pocos elegidos perduran durante décadas o toda la vida. Los amigos que de verdad destacan y dejan huella son aquellos con los que realmente podemos compartir nuestra historia y que están a nuestro lado en los momentos de tormenta. El clic intuitivo que nos hace querer conectar con alguien a menudo nos lleva a conocer a grandes personas con las que estamos destinados a compartir una parte de nuestra vida. Sabes que la conexión es real cuando no te sientes inclinado a interpretar una versión falsa de ti mismo. Los verdaderos amigos tienen una naturaleza ligera que nos ayuda a bajar la guardia y permitir que la versión más real de nosotros mismos dé un paso adelante.

Hay algunos amigos íntimos de los que aceptamos las verdades duras y de nadie más. Los verdaderos amigos no ofrecen un apoyo ciego. Aunque puede ser difícil recibirlo, es un regalo tener a alguien en tu círculo más cercano que no tenga miedo de decirte cuando vas en la dirección equivocada. No porque proyecten su miedo en ti o porque quieran controlarte, sino porque se preocupan de verdad por tu bienestar. Como te conocen a profundidad, se sienten capacitados para ser radicalmente auténticos contigo. Comparten palabras que ayudan a reavivar tu fuego para que puedas volver al camino correcto cuando flaqueas. Sobre todo, los amigos que perduran son los que te aprecian a medida que creces, ven el valor de tu sanación y te apoyan mientras te transformas. No te aprecian porque actúes; te aprecian porque aman tu autenticidad.

Conocí a mi mejor amigo, Lennon, cuando estaba en cuarto grado. Es increíble que nuestro vínculo haya resistido tantas épocas diferentes de nuestras vidas desde entonces. Acabamos en la misma secundaria y en el mismo bachillerato, y profundizamos nuestra amistad durante esos años. Siempre nos enzarzábamos en serias discusiones sobre películas y libros que queríamos compartir y analizar. Cuando salíamos con otras personas, a menudo funcionábamos como un equipo, aprovechando las bromas del otro, entrando en diferentes círculos y estando siempre abiertos a las aventuras y a conocer gente nueva. Incluso cuando me mudé a la universidad, nuestra conexión siguió siendo sólida. Buscaba tiempo para ver a Lennon en los descansos y pasaba la mayor parte de los veranos en su casa. A lo largo de los años, pasé tanto tiempo en casa de su madre que la sentía como mi segundo hogar. La universidad, sobre todo al principio, fue un reto para mí. Fui la primera persona de mi familia en ir y todo dependía de mí: la solicitud, los formularios de ayuda financiera, los exámenes estandarizados. Incluso mi orientador me disuadió de solicitar la admisión en Wesleyan, la universidad a la que acabé yendo. La transición de una ciudad diversa a una pequeña ciudad universitaria fue superdesorientadora. Saber que tenía a mi familia y amigos como Lennon en casa me ayudó muchísimo.

Volví a sentirme perdido después de graduarme de la universidad y regresar a casa, pero Lennon nunca se fue de mi lado, aunque mi energía era bastante negativa y agitada. Él también buscaba algo más en ese momento, una vida mejor, una identidad más amplia. Nos apoyamos mutuamente mientras imaginábamos las cosas. Nuestra amistad nunca fue perfecta —nos peleamos un montón de veces y cometimos errores que nos hicieron daño—, pero lo que nos mantenía tan unidos como hermanos era que siempre hablábamos las cosas. Algo que no quise frustrar fue nuestra amistad. Era demasiado valiosa como para perderla por algo trivial o por algunos errores ocasionales. Hasta cuando pasábamos por momentos difíciles, ambos sabíamos que estábamos ahí el uno para el otro, pasara lo que pasara.

Hace poco falleció Ann, su madre, y su muerte puso las cosas en perspectiva. Al no tenerla cerca, siento que falta algo esencial en mi vida. Me encantaba hablar con ella porque me trataba como a un adulto, incluso cuando era muy joven. Sentía que siempre estaba pendiente de nosotros, para asegurarse de que estuviéramos bien, pero nunca de forma prepotente. En su ausencia, parece que la responsabilidad de nuestras vidas recae ahora en nuestros propios hombros. La pérdida es grande para mí, pero para Lennon es inimaginable. Me demostró lo unidos que estábamos él y yo porque mi corazón bramó de compasión por su pérdida. El día del funeral de su madre, todos compartimos fragmentos de su vida y hablamos del impacto que tuvo en nosotros. Lennon pasó parte de la ceremonia sentado entre mi madre y yo. Un vínculo así trasciende la descripción. Hoy nos mantenemos en contacto con frecuencia, aunque ya no vivamos en la misma ciudad.

Lo que nos funcionó muy bien es que tenemos expectativas muy bajas respecto del otro. Puede sonar contradictorio, pero este grado de flexibilidad nos ayudó con los altibajos de nuestra amistad. Algunos años no pasábamos mucho tiempo juntos y otros pasábamos semanas enteras. La situación cambiaba porque la vida seguía avanzando, pero ambos manteníamos una política tácita de puertas abiertas. El otro punto fuerte era que ninguno de los dos tenía miedo de hablar en los momentos difíciles y, una vez que decíamos lo que teníamos dentro, lo dejábamos pasar y seguíamos adelante. También nos apoyábamos mutuamente cuando surgían problemas en nuestra vida personal o cuando necesitábamos reflexionar con otra persona. Compartimos las diferentes partes de nuestras vidas. Ambos teníamos diferentes grupos de amigos que no se mezclaban, pero nada era exclusivo y, cuando llegaba la oportunidad, nos presentábamos a nuestros nuevos amigos. Lo que mantenía todo abierto era que resultaba muy fácil hablar entre nosotros. Nuestro pasado tenía una forma de suavizar cualquier incomodidad, aunque no nos viéramos en mucho tiempo.

En las amistades se pueden asumir compromisos, pero son diferentes a los de una relación íntima. Quieres que tus amigos sean de confianza, pero también necesitan libertad para construir sus vidas y procesar los momentos difíciles de la manera que más les convenga. La persona que conozcas en una época concreta de tu vida no seguirá siendo la misma. Al igual que tú necesitas centrarte en tu propia evolución, ellos necesitan hacer lo mismo. Los amigos que se apoyan mutuamente en el crecimiento tienen que encontrar cosas más profundas que los conecten que algo temporal o superficial. Conectar en el nivel de los valores, las visiones del mundo, la historia juntos y la atracción intuitiva contribuyen a crear la base de una amistad duradera. La risa puede unirte, pero es lo que compartes durante los momentos auténticos lo que hace que un barco de amigos se sienta realmente como un hogar.

La otra cara de la moneda es que no es necesario que una gran amistad dure para siempre para que sea una parte increíblemente profunda de la historia de tu vida. A veces coincides con una persona con un propósito específico y pasan mucho tiempo juntos, pero, a medida que ambos crecen, la vida los lleva en direcciones diferentes. Surgen nuevos intereses que los colocan en el camino de nuevas aventuras. Aunque el tiempo juntos haya terminado, no hay un amor real perdido. El tiempo que podemos dedicar a otras personas es limitado, sobre todo a medida que envejecemos. Las prioridades se vuelven más claras y a veces eso significa sacrificios. Mantener una amistad activa requiere energía y tiempo, pero aunque queramos mucho a una persona, no siempre será posible pasar todo el tiempo que desearíamos juntos. Somos humanos, y la cantidad de tiempo que tenemos para nosotros mismos y para los demás es finita.

Reflexiones

- ¿Qué aspectos de las antiguas relaciones te comprometes a no volver a repetir?
- ¿Cómo va tu práctica de escucha generosa? ¿Puedes concentrarte en las palabras de la otra persona sin pensar inmediatamente en cómo vas a responder?
- ¿Cómo ha afectado tu sanación personal a tu relación? ¿Ha supuesto un reto o ha abierto las puertas a una conexión más profunda?
- ¿Qué puede hacer tu pareja para apoyar tu felicidad?
- ¿Qué puedes hacer para apoyar la felicidad de tu pareja?
- ¿Qué sistema han descubierto que funciona bien durante las discusiones? ¿Han pasado de intentar ganar a tratar de entenderse de verdad?
- ¿Cómo describirías el nivel de comunicación entre tú y tu pareja o tu amigo más cercano?
- ¿Cada uno ha asumido su propia felicidad?
- ¿Han conseguido liberarse de las expectativas injustas del otro; por ejemplo, esperar que tu pareja sea perfecta todo el tiempo o esperar que su relación sea siempre divertida?

los desafíos
de la sanación

La sanación es para los valientes y para los que están dispuestos a enfrentarse a lo que hay en su interior. Hay tanto dentro de nosotros, dependiendo de nuestra historia emocional personal, que a veces puede resultar abrumador. El aspecto que tendrá tu viaje al principio será muy diferente del que tendrá una vez que te hayas adentrado en las trincheras emocionales del descubrimiento interior. La idea popular de que la sanación no es lineal es correcta. Las partes más profundas de la sanación vienen en oleadas y entre las oleadas hay periodos de integración para que puedas conectar con tu nuevo yo. A lo largo del camino, los retos serán únicos para tu condicionamiento y tendrán que ver con el método o métodos que hayas elegido para ayudarte en tu búsqueda de una mayor felicidad. Si dejar ir fuera fácil, nadie sufriría. Así que no te extrañe que el proceso de soltar esté lleno de altibajos. Pero si puedes manejarlos con conciencia, apertura y una mente despierta que esté lista para aprender más, los altibajos te ayudarán a llenarte de nueva sabiduría.

Medir tu progreso durante el viaje

Es muy común querer medir tu progreso mientras estás en medio del proceso. No es conveniente juzgarte cuando te sientes particularmente abrumado, ya que tu perspectiva se nubla. Puesto que gran parte de la sanación depende de la agudeza de nuestra conciencia, no siempre nos damos cuenta de cómo estamos entrenando nuestra mente para que se convierta en un microscopio que magnifica las raíces de todos nuestros patrones y movimientos mentales. Enfocarnos en expandir aquello de lo que somos conscientes al dirigir nuestra atención hacia el interior da como resultado un influjo de información nueva que nos ayuda a entendernos a un nivel mucho más profundo.

En ocasiones, esta nueva claridad se lleva al extremo cuando vemos todas nuestras imperfecciones a la vez y tratamos de medir nuestro crecimiento a partir de un momento concreto, en lugar de hacerlo a lo largo de nuestro viaje. Por ejemplo, a veces sentimos la necesidad de comparar cómo estamos hoy con cómo estábamos ayer, o cómo estamos este mes con cómo estábamos el mes pasado. Tomar esas medidas tan pequeñas como muestra es no considerar el hecho de que la sanación no es lineal. Durante periodos cortos, puede haber mucho movimiento de ida y vuelta, altibajos o nuevos descubrimientos sobre nosotros mismos que requieren que vayamos más despacio para poder integrar por completo este nuevo conocimiento. O, simplemente, podemos tener muchas reacciones acumuladas del pasado que por fin salen a la luz. En cualquier caso, nuestro apego a la perfección nos hará desear un progreso ascendente, cuando la verdad del viaje es mucho más complicada e impredecible.

Es cierto que el propósito de emprender el viaje de sanación y tomarse en serio la evolución es dejar salir una mejor versión de ti mismo. Aun así, es fundamental comprender que, aunque en última instancia hay una trayectoria ascendente, en medio de ese ascenso te encontrarás con la desordenada realidad de deshacer lo viejo y practicar lo nuevo, que está destinada a moverse en armonía con el flujo constante de cambios que ocurren en la vida. Si en verdad quieres mirarte bien a ti mismo, lo mejor es hacerlo en comparación con cómo eras antes de empezar todo este trabajo interior. Relajar de forma intencionada esa microscópica conciencia dando un gran paso atrás para mirar una parte más grande de tu vida te dará una idea mucho mejor de lo lejos que has llegado. Una diferencia notable entre cómo manejas tus reacciones ahora y cómo las manejabas en el pasado es un signo importante de progreso. Si reaccionas con menos intensidad que antes y eres capaz de elegir opciones más productivas que apoyen tu bienestar y autenticidad, estás en el camino correcto.

Este nivel superior de conciencia es útil, pero si no tenemos cuidado de cuándo lo utilizamos y hacia dónde lo dirigimos, puede darnos una idea sesgada de la profundidad de nuestro progreso. Sobre todo, es importante suspender el autoanálisis durante los momentos de mayor depresión. Cuando la mente está llena de turbulencias, no es fácil mirarse bien ni emprender una forma equilibrada de autoanálisis. Ser capaz de reconocer cuándo se está en un momento de bajón grave es, en sí mismo, un signo de progreso. También lo es suspender cualquier juicio severo sobre dónde estás y acallar las dudas sobre si tu progreso es real. Tener esa capacidad clara de sentir dónde estás mientras viajas por el espectro de las emociones te ayudará a pasar de hacer un trabajo interior serio a tomártelo con calma y tratarte con suavidad hasta que pase la tormenta.

Reconocer el momento de bajón y utilizarlo como señal para encarnar la paciencia contigo mismo y con los demás es un signo de tu creciente sabiduría. También te ayudará a abstenerte de hacer cosas de las que luego te arrepentirás o de involucrarte en discusiones ilógicas porque tu tensión interior te ha empujado a entrar en conflicto. Centrarte en avanzar de un modo suave a lo largo del día mientras tu mente atraviesa su tormenta no es cuestión de ser falso o de reprimir tus emociones. Es una cuestión de honrar tu realidad. Sí, no te sientes bien, pero también entiendes que alimentar este fuego añadiendo tensión a la que ya tienes no mejorará nada. Tu única opción beneficiosa es sentir la pesadez de tu verdad y no añadir más peso a lo que tu mente trata de liberar.

Del mismo modo, no hay que esperar que todos los días sean un triunfo. Algunos días serán duros porque la sanación se trata, fundamentalmente, de despedirse del viejo tú y de tus viejas formas de ser. Esto será un reto porque te estarás moviendo contra la corriente de tu viejo hábito humano y tratando de activar una y otra vez tu naturaleza humana. Con el tiempo, te resultará más fácil ser el auténtico tú, pero al principio sentirás como si tuvieras que reducir la velocidad a propósito para romper un viejo patrón. Puede parecer tedioso y agotador, y requerirá un alto nivel de compromiso para desatar los nudos que te han estado atando, pero vaya que merecerá la pena.

En realidad, el viaje está lleno de tropiezos y algunos retrocesos antes de dar un gran salto adelante. Tendrás que enfrentarte continuamente a tu apego a la perfección y al progreso ascendente constante, reconociéndolo cuando suceda y recordando que este viaje no será sencillo. Y será único para tu historia emocional. El movimiento desde la oscuridad desconocida hasta el resplandor de la comprensión no será perfecto. Así que mantén tu compromiso con la sanación, pero sé amable contigo mismo. Cuando emprendemos el viaje interior, aceptamos el reto de evolucionar y prosperar.

Momentos de liberación difícil

Cuando miremos hacia dentro hay que hacerlo con valentía, porque lo que encontraremos suele ser chocante. La sanación ayuda a limpiar la mente, pero primero te mostrará los patrones que te causan más angustia. Hay tantas cosas que hemos reprimido que, cuando nos tomamos el tiempo de explorar nuestro mundo interior, muchos viejos momentos y emociones difíciles saldrán a la luz para que los observemos y los liberemos. Lo difícil de la sanación es que tenemos que estar dispuestos a afrontar las tormentas si queremos disfrutar de la luz de días mejores.

Aunque no haya una supresión activa, se acumula mucho. Cuando reaccionas a emociones especialmente fuertes, estas dejan una huella en el subconsciente que te prepara para volver a sentir esa misma emoción cuando la mente perciba una situación similar. A veces desatar estas cargas anudadas y romper las cadenas de los viejos condicionamientos causa momentos de turbulencia cuando el pasado cobra vida dentro de nosotros, y provoca que la mente se sienta ofuscada y densa mientras atravesamos el proceso para salir finalmente de nuestro ser.

Cuando desarrollas la conciencia y tratas de forma deliberada de romper con viejos patrones, el pasado tiene una manera de retumbar en el primer plano de tu mente. Las reacciones emocionales que se han acumulado a lo largo del tiempo en el subconsciente surgirán desde las profundidades y sacudirán temporalmente tu mente, que se nublará y ensombrecerá.

Estos momentos difíciles pueden ser benéficos si los gestionas de tal modo que te preparen para el éxito presente y futuro. Los momentos de bajón, cuando vuelves a sentir viejas heridas, son una nueva oportunidad para procesar las cosas de forma saludable, en lugar de repetir lo que no funcionó en el pasado. En última instancia, estos momentos difíciles seguirán ocurriendo, pero sabrás que tu sanación es efectiva cuando te sientas bien equipado para manejarlos con delicadeza y con la paciente comprensión de que ninguna emoción de la historia de tu vida ha sido permanente.

Los momentos de profunda liberación, cuando los restos del pasado se limpian de la mente, pueden hacer que nos sintamos agobiados durante horas o incluso días. Aunque muchas veces parece que estos momentos van a durar siempre, recuerda que son temporales. Romper nuestra lealtad al pasado diciendo no a las viejas pautas y dando energía de forma deliberada a los nuevos hábitos positivos a veces nos puede dar miedo o causar dudas al entrar en una nueva era de nuestra vida, pero reconocer estos momentos temporales como un desprendimiento del pasado y confiar en el proceso puede ayudarnos a superar con más sabiduría los altibajos de la sanación.

El proceso de soltar suele ser silencioso, pero a veces tendrás que sentir lo que una vez rechazaste o de lo que intentaste escapar para que salga por completo de tu ser. Por supuesto, los recuerdos no desaparecen, pero la energía emocional que envuelve ciertos recuerdos o ideas es el obstáculo que tenemos que disipar. Aunque las emociones del pasado rujan al liberarse, no necesitamos devolver el rugido. Solo tenemos que permitirnos estar con nuestra verdad: estar con nuestra verdad se convierte en nuestro medio de sanación.

Es fácil confundir un momento tormentoso con dar pasos hacia atrás. Sin embargo, estos pasos sientan las bases para dar un gran salto adelante. Las tormentas tienen dos propósitos principales: te dan la oportunidad de practicar la aceptación y la dulzura, y te ayudan a liberar lo que emerge. Cuando estás profundizando, es común tener días de bajón, en los que no puedes mostrarte como la mejor versión de ti mismo al 100%. A veces la sanación requerirá que lleves tu energía y atención al interior para que puedas concentrarte en el fuerte condicionamiento que estás a punto de desmontar.

Cuando sientas mucha agitación, sé consciente de que tu mente buscará objetos (personas, ideas o situaciones) en los cuales centrarse para aumentarla aún más. La tensión necesita combustible para arder, y los apegos son, por lo general, ese combustible que impide que la mente acepte plenamente el momento presente tal y como es. Una mente que está en medio de una tormenta tiende a dejar de lado el pensamiento racional y compasivo. Cuando permitimos que nuestra pesadez mental marque el curso de nuestras acciones, son comunes la agresividad pasiva y los conflictos innecesarios. La mente está más familiarizada con las turbulencias que con la paz. Tiende a oscilar entre imágenes mentales del pasado y del futuro. La paz requiere un entrenamiento mental intencionado porque solo puede encontrarse en el momento presente.

Si alguna vez se vuelve demasiado difícil, es señal de que necesitas apoyarte en tu comunidad: conecta con tus amigos o acude a tu terapeuta o guía de meditación, quienquiera que te haya enseñado cómo navegar por tu mundo interno y avanzar con éxito en tu viaje. Si te ayudaron a abrirte, deberían ser capaces de guiarte en el procesamiento de tu antiguo condicionamiento. La clave es moverse con suavidad a través de la tormenta. Estar con la agitación es más productivo que aumentar la agitación.

Tener un círculo de amigos que puedan ser tus compañeros en el viaje de sanación puede ser un sistema de apoyo increíble. Las personas que se dedican a un método introspectivo similar al tuyo habrán experimentado altibajos parecidos y será más fácil que sientan compasión por las luchas que estás librando. Dale a la gente la oportunidad de ayudarte y apoyarte. Al decir que sí a la amabilidad y al apoyo que te ofrecen, les das, además, la oportunidad de realizar una acción sana y meritoria. Al igual que es importante ayudar a los demás, es valioso dejar que los demás te ayuden. Cuando se los permitimos, abandonamos activamente la idea egocéntrica de que podemos manejar todo por nuestra cuenta. Los seres humanos estamos destinados a vivir en comunidad, lo que significa encontrar un equilibrio entre dar y recibir dentro de los grupos sociales que llamamos hogar. Cuando nos ayudamos unos a otros, practicamos al mismo tiempo la ausencia de egoísmo y hacemos más brillante nuestro propio futuro. Cada acción planta una semilla que más tarde florecerá y dará su fruto en nuestras vidas.

Inconscientemente, nos apegamos a una idea lineal de sanación y progreso. Esperamos que haya una tendencia constante a aumentar la paz, la felicidad y la dicha. Pero, en realidad, la sanación consiste más en construir una relación profunda y honesta con la verdad que sientes en ese momento. Tanto si tu estado de ánimo es bueno como si es malo, te estás atreviendo a estar con lo que sientes de verdad.

Soltar al viejo yo

Otro desafío durante la sanación es dejar ir al viejo tú. A medida que el trabajo profundo de liberación continúa, tu condicionamiento se volverá cada vez más ligero. Esto provocará cambios importantes en lo que te gusta y no te gusta, y transformará lo que buscas en las conexiones. Es común sentir una lucha interna cuando inconscientemente tratas de aferrarte a tu viejo yo, porque es lo que mejor conoces. Deseamos un territorio seguro y tememos lo desconocido. A menudo habrá un apego a cómo solías ser, aunque hubiera aspectos de ti que te causaran mucha tensión. Incluso puede haber un estira y afloja con respecto a tu percepción cuando luchas por permitirte ver el mundo de una manera nueva.

Como gran parte de tu percepción se rige por lo que veías en el pasado, te resultará extraño y refrescante a la vez mirar las cosas y tomarlas por lo que son, sin evaluarlas continuamente según lo que recuerdas. Centrar tu percepción en el presente requiere una acción intencionada. Al igual que tuviste que hacer el trabajo de dejar ir, tendrás que aceptar el nuevo yo que está emergiendo y seguir con la creación de hábitos positivos que apoyen tu renacimiento interior. Si te tomas en serio tu sanación, tienes que dejar que tu identidad sea flexible y que se mueva en la dirección que mejor apoye tu felicidad. Desarrollar madurez en tu viaje de sanación significa abrazar profundamente el hecho de que debes soltar una y otra vez lo que eras, incluso en periodos cortos. Lo que somos cambia constantemente, pero cuando empezamos a dar una dirección al río del cambio, los cambios que experimentamos pueden ser bastante drásticos.

Siempre me consideré una persona a la que le encantaba leer sobre todo libros de historia. Pero a medida que seguía meditando, aparecían nuevas partes de mí. Empecé a desarrollar un nuevo amor por otros tipos de libros de no ficción y literatura, y resurgió mi gusto de la infancia por la ciencia ficción. Ahora trato de no hacer una clasificación estricta de lo que me gusta leer; más bien dejo que la intuición me guie en lo que es correcto en cada momento.

Permitirte avanzar de forma orgánica y siempre abierta a la evolución te ayudará a que te alinees con el flujo de la naturaleza. La naturaleza es siempre cambiante; nada está realmente quieto. Si miras en profundidad, verás siempre el movimiento. Este mismo principio se aplica a la identidad. Tu ser se encuentra en un estado de movimiento perpetuo. Nada en ti ha sido nunca estático, e incluso en tu núcleo más sutil existe el movimiento dinámico del cambio. En tu vida diaria, esto significará que las maneras en que te entiendes a ti mismo permanecerán un tiempo, pero con el tiempo deberás descartarlas y adoptar otras nuevas que dejen espacio para tu crecimiento.

Al ego le encantan las etiquetas, no solo para comprender, sino también como leña para el fuego del apego. Las etiquetas funcionan como frenos que nos ayudan a contrarrestar el flujo natural del cambio y, a veces, incluso sirven como una forma de resistencia en el trabajo de sanación.

Tras periodos de profunda sanación, las etiquetas que antes parecía que te ayudaban a identificarte pueden sentirse superadas. También es posible que las ideas que alguna vez te impactaron y te asombraron se sientan simples o poco profundas. Y a medida que tu sabiduría se expanda, puede ser que un día la comprensión que tienes del universo se sienta demasiado limitada. La sanación es un estado continuo de crecimiento. A medida que crecemos, es normal que necesitemos perspectivas más refinadas y sutiles que nos ayuden a comprender la condición humana. Para evitar cualquier sufrimiento innecesario, es necesario no apegarnos a lo que sabemos, comprender que los puntos de vista que mantenemos nos pueden servir temporalmente y reconocer que adquirir más experiencia y sabiduría nos preparará para soltar lo que antes creíamos útil. En tan solo un instante, lo que sabemos de nosotros mismos y del mundo puede cambiar, sobre todo si permanecemos abiertos al tipo de crecimiento que nos ayuda a reivindicar nuestro poder y a aumentar nuestra felicidad.

Hasta la forma en que nos relacionamos con nuestras viejas heridas puede volverse un obstáculo si las vemos como algo estático de lo que nunca podremos deshacernos. Si nos identificamos intensamente con nuestro trauma y este se convierte en parte fundamental de nuestra identidad, puede ralentizar nuestro proceso de sanación porque es posible que sintamos miedo ante la perspectiva de vivir sin él. El propio crecimiento es un proceso de creación y destrucción. Un nuevo tú se está formando constantemente mientras el viejo tú decae y se vuelve informe. Aferrarse a los restos del pasado solo retrasará tu llegada al presente. Si quieres vivir de una manera que apoye tu libertad, no tienes otra opción que soltar. A veces podemos sentirnos extraños cuando dejamos atrás las preferencias con las que estábamos familiarizados. Quizá también nos sintamos un poco perdidos al darnos cuenta de que hemos superado nuestra antigua vida. En esos momentos, ayuda recordarnos que está bien tener nuevas preferencias, nuevas formas de expresarnos y nuevas aspiraciones. Para abrazar plenamente el crecimiento, debemos estar dispuestos a aventurarnos hacia lo desconocido.

La identidad es complicada. La necesitas para tener un marco de referencia que te ayude a interactuar con el mundo, pero demasiada identidad y etiquetas añadidas te alejan de la verdad de la impermanencia. La sabiduría te dará la bienvenida a su casa, pero tienes que desarmarte antes de entrar. La sabiduría te encontrará listo y digno cuando te desprendas de todas las ideas y puntos de vista. Solo podrás entrar cuando estés preparado para observarte sin juicios y sin una percepción oscurecida por el pasado. Comprenderte a ti mismo es una cosa, pero la sabiduría atemporal te pide que des un paso más allá y te desprendas de todo.

Suelta lo que creías que eras y abraza el río del cambio que fluye a través de cada parte móvil que crea la percepción de ti: solo entonces la sabiduría te conducirá a la libertad. La libertad florece en el campo de la realidad última, donde las combinaciones en movimiento de las partículas subatómicas demuestran de manera clara la insustancialidad de todos los egos humanos. Dado que existimos momentáneamente, la forma en que nos definimos a nosotros mismos solo tiene un valor de encuentro. Es bueno conocerse a sí mismo, pero vale aún más la pena liberarse. Gran parte del desaprendizaje que requiere la libertad implica arrancar las etiquetas y las capas que una vez creímos que eran el núcleo de lo que somos para adoptar nuevas etiquetas y comprensiones de nosotros mismos cuando sea necesario, pero entendiendo que, con el tiempo, estas también cambiarán. Necesitas un yo para avanzar en el mundo, pero necesitas desprenderte por completo del yo si quieres alcanzar la liberación definitiva. Vivir en equilibrio con estas dos verdades te permite acceder a la paz interior.

Hacer las paces con el movimiento lento

Una de las ideas más tóxicas que se apodera de nuestra mente es la perfección. La esperamos, la deseamos, anhelamos verla en nuestras vidas y relaciones, pero la realidad y la idea de la perfección están en constante estado de fricción. La realidad es siempre cambiante. Es la transformación combinada con la imprevisibilidad. La perfección es lo contrario. Es un intento de controlar y mantener las cosas dentro de los límites de una determinada imagen mental. La realidad es un río que fluye. La perfección es un cuadro estático.

En especial, cuando se trata de nuestro crecimiento personal y de la calidad de nuestras relaciones, la perfección tiene un modo furtivo de deformar nuestra percepción de manera que las grandes cosas parecen menores de lo que son en realidad, y los pequeños problemas parecen innecesariamente grandes. Los que deseamos vivir una buena vida no solo debemos tener la humildad de cuestionar nuestra percepción, sino que también debemos comprobar con regularidad si la perfección ha creado tensión al tomar las riendas de nuestra mente.

Gran parte de la armonía de la vida surge cuando nos dejamos llevar. Si podemos tomar nuestros objetivos y trabajar en pos de ellos abrazando el progreso, en lugar de aspirar a la perfección, construiremos una base sólida para un cambio duradero. No necesitamos tener prisa para ser productivos. Practicar el movimiento lento no solo disminuirá la agitación interior; también puede hacernos más eficaces.

Los movimientos lentos son intencionados, poderosos y ponderados con inteligencia. Avanzar con audacia a nuestro propio ritmo y alejarnos de cualquier competencia autoimpuesta puede ser un profundo cambio de paradigma. Dejar de lado las líneas de tiempo rígidas, abrazar el desarrollo orgánico y mantener el enfoque en las acciones deliberadas puede marcar una inmensa diferencia en lo que logramos. En la ecuación del éxito interior y exterior, la velocidad es un factor menor. Es mejor concentrarse en el esfuerzo, el compromiso y la constancia a largo plazo. Recuerda: parte de lo que hace que las montañas sean tan poderosas y duraderas es que se construyen lentamente durante un largo periodo.

En una sociedad basada en la velocidad y la productividad, avanzar despacio es un acto radical. Nos empeñamos en movernos a un ritmo rápido por miedo a quedarnos atrás. No nos damos cuenta de que la necesidad de ir deprisa es a menudo autoimpuesta. Estamos en parte motivados por lo que pensamos que hacen los demás, pero estos pensamientos no están totalmente basados en la realidad. En buena medida, son la creación de nuestra propia imaginación. Nuestro hábito humano tiene un apego a la jerarquía y al deseo de no estar al final de esta. La percepción de la jerarquía es algo que incluso imponemos al crecimiento, la sanación y la sabiduría, ya que nos medimos con los demás para ver "quién es mejor" o "quién está por delante".

El apego a la velocidad y a la jerarquía es una enfermedad del ego. No hay nada de malo en tener metas y lograr grandes cosas, pero cuando nos consumimos en estar por delante de los demás ya no estamos trabajando con una mente equilibrada y nos estamos causando sufrimiento a nosotros mismos durante el proceso. ¿Se puede considerar una victoria si todo el camino sufres bajo toda esta tensión mental autoimpuesta? Trabajar y crear sin apego, hacer las cosas por el bien propio y el de los demás, avanzar sin límites de tiempo estrictos, encontrar el equilibrio entre estar comprometido y no causarse tensión: así es como los valientes y los sabios se mueven por la vida.

Cuando el cuerpo está cansado, la mente puede ponerse a la defensiva. Cuando nos presionamos una y otra vez para hacer muchas cosas, nos olvidamos de dar prioridad al descanso adecuado. Quedar atrapados en un ciclo de productividad constante agota nuestras reservas internas y a veces incluso desequilibra nuestra mente. La tensión en la mente que se acumula por el agotamiento puede transformarse fácilmente en narrativas de preocupación o en historias falsas que agitan aún más la mente. Cuando estamos cansados (o hambrientos), es fácil que la mente saque conclusiones precipitadas o pierda la paciencia con otras personas. No hay nada de malo en trabajar duro y ser eficaz, pero asegúrate de que estás alimentando tu bienestar dando tiempo para descansar. Cuando respetes tu necesidad de descanso, tu camino hacia delante será mucho más suave.

●
—

gestiona tus reacciones bajando la velocidad
escucha tu intuición bajando la velocidad
restaura tu energía bajando la velocidad
entra en el momento bajando la velocidad
siente tu verdad bajando la velocidad

Avanza a tu propio ritmo

Cuando empecé a tomarme más en serio la meditación, hice algunos amigos de mi edad que también iban al mismo centro de meditación. Tenían una dedicación similar y un profundo compromiso para liberarse de toda la ignorancia, la miseria y los viejos patrones que los mantenían en un bucle autodestructivo. Me inspiraron mucho sus esfuerzos porque asistían a un retiro tras otro y también dedicaban mucho tiempo para servir en los retiros. Yo iba al centro unas cuantas veces al año para meditar o servir en los cursos de diez días (servir es cuando apoyas a los que están meditando, en la preparación de sus alimentos), pero mis amigos siempre estaban allí. Cada pocos meses, cuando volvía, parecían más sabios, más tranquilos y más en sintonía con la verdad a la que podían acceder en el cuerpo.

Aunque en serio me inspiraba su fuerza mental para someterse a un proceso de transformación de este tipo una y otra vez, también sentía punzadas de celos y me sentía un poco excluido. Yo también quería ser libre, y sabía que la libertad requiere un verdadero trabajo. ¿Por qué no estaba viviendo en el centro de meditación, como ellos, y avanzando en el camino a un ritmo tan veloz? Sinceramente, sentía mucha tensión, tenía muchas dudas sobre cómo estaba haciendo las cosas y sentía un fuerte deseo de hacer más. Pero cuando revisé dentro de mí para ver si tenía más espacio mental y energía para sentarme y servir en retiros más a menudo, descubrí que no lo tenía. Sentía que para mí era más que suficiente ir a los retiros un par de veces al año y sentarme a meditar dos horas al día en casa. Simplemente, hacer más no se sentía bien. La transformación que estaba experimentando parecía bastante profunda y los cambios en mi percepción me hacían sentir que tenía las manos llenas. Estaba aprendiendo mucho, pero sabía instintivamente que necesitaba tiempo entre los retiros para digerirlo todo e interiorizar las nuevas percepciones de un modo pleno.

Tuve que volver a conectar con la humildad y aceptar el hecho de que mi ritmo es mío; tuve que reconocer que la cantidad de tiempo que pasaba en los retiros cada año era todo lo que podía manejar. También tuve que aceptar que tenía responsabilidades, fuera de la meditación, con mi mujer y mi familia. Con el tiempo, me he dado cuenta de que la dedicación no se mide por la intensidad de la práctica. Se mide por la capacidad de mantener el compromiso con el viaje, sin importar el tiempo que pueda llevar. Mi condicionamiento podía soportar la intensidad, pero también necesitaba momentos lentos para poder procesar lo mucho que había soltado. Además, sentía una fuerte atracción por reservar tiempo para perseguir la nueva aspiración que la meditación me había ayudado a descubrir: un impulso innegable de escribir.

No me di cuenta entonces de lo mucho que estaba dejando de apreciar mi viaje y de que compararme con los demás me hacía dudar de mi progreso y mi compromiso. Era maravilloso tener tantos amigos que practicaban las mismas enseñanzas que yo, pero necesitaba trabajar a mi propio ritmo y no comparar sus viajes con el mío. Hay tanto poder en tener compañeros de sanación, personas que pueden compartir los altibajos de tu viaje interior, que conocen el camino que recorres y apoyan tus éxitos internos, que pueden tener discusiones sobre nuevas percepciones que están trayendo luz a tu vida. Se trata de personas invaluables y que alimentan tu inspiración para que puedas seguir avanzando a través del lodo y abriendo nuevos caminos en tu propio paisaje interior. Pero es esencial entender que cada uno de tus compañeros exploradores sana a su propio ritmo. Mantener el ritmo que te funcione a ti te asegura avanzar a un paso sostenible, lo que significa que podrás profundizar más y tu viaje será más fructífero.

La competitividad tiene un modo astuto de colarse en todas las facetas de la vida, hasta en los procesos de sanación. El deseo nos hará querer sentir lo que otros sienten, superar grandes problemas y alcanzar nuevas cotas de felicidad en poco tiempo, pero la verdadera sanación no tiene nada que ver con la velocidad y, desde luego, no tiene nada que ver con la comparación. Notar estas tendencias en nuestro interior y volver a la comprensión fundamental de que nuestro viaje es personal, individual y único nos ayudará a recuperar nuestro equilibrio y a reconectar con un ritmo de crecimiento sostenible.

Crecer de forma sostenible significa conocerte a ti mismo y saber cuánto puedes soportar. Significa tener un equilibrio claro entre hacer un trabajo profundo que saque a relucir muchas cosas viejas que necesitas procesar y dedicar el tiempo suficiente al descanso y la integración. Si seguimos cavando más y más profundo, sin tiempo para el descanso y la relajación, nos forzaremos a un estado constante de incomodidad y crearemos las condiciones para el desequilibrio. Si nos presionamos demasiado, podemos caer en el agotamiento y querer dejar el trabajo por completo. Cuando se trata de sanarte a ti mismo, la madurez significa no sacar a relucir tantas cosas a la vez que abrumen tu espacio mental. No se trata de que saques todo de tu sistema y te sobrecargues con un montón de traumas pasados e historia emocional. Arrastramos tantos patrones de condicionamiento denso que es mejor que busquemos pequeñas victorias internas en lugar de lidiar con todos los problemas a la vez. Aunque nuestros problemas están increíblemente interconectados, no hay nada de malo en recortar las malas hierbas para poder despejar la vista y luego reunir fuerzas para arrancar por completo las raíces que nos causan tanta miseria. Aumentar tu nivel de conciencia para tener una idea clara de cuánto puedes manejar te ayudará a mantener el equilibrio.

Los periodos de integración son parte fundamental para avanzar a tu propio ritmo. La cantidad de sabiduría que puedes obtener al ir hacia dentro es poderosa y asombrosa. Puede sacudirte hasta el fondo y cambiar por completo la forma en que te ves a ti mismo y al mundo. Pasar tiempo con la verdad es increíblemente transformador, y la verdad no se limitará a hablarte y a darte lecciones, sino que te pedirá que incorpores la enseñanza y la lleves contigo allá donde vayas. Aceptar todo lo que eres, amar tus partes difíciles, encontrarte a ti mismo con una compasión suave y llevar un nivel más alto de conciencia a tu vida provocarán cambios radicales en tu personalidad y comportamiento. Si quieres que tu largo viaje sea sostenible, necesitas dedicar el tiempo necesario para asentarte en tu nuevo yo. Permitir que lo que has aprendido se asiente en tu percepción requiere tiempo e intención. Un trabajo fundamental que te prepara para el éxito en tu crecimiento es hacerte un hueco para encontrar y explorar tu nuevo ritmo mientras revisas lo que has aprendido.

Reflexiones

* ¿Cuál fue el reto que te sorprendió una vez que comenzaste tu viaje de sanación?
* ¿Recuerdas algún momento, desde que comenzó tu viaje de sanación, en el que te hayas sentido orgulloso de la forma en que manejaste una situación difícil? ¿En qué se diferenció la manera en que la manejaste de cómo lo hubieras hecho en el pasado?
* ¿Cuál es tu relación con tu identidad ahora? ¿Hay más espacio para ser flexible?
* ¿Cuáles son algunas de las viejas sabidurías que te servían, pero que no se ajustan a tu vida en este momento?
* ¿Respetas tu necesidad de descansar? ¿Puedes notar cuando llega un momento de calma y abrazarlo, en lugar de resistirte a él?
* ¿Te has acostumbrado a avanzar a tu propio ritmo en lo que respecta a tu viaje de sanación?
* ¿Cómo han cambiado tus preferencias desde que comenzaste tu viaje? ¿Te ha costado dejar atrás tu antiguo yo?
* ¿Cómo manejas tus tormentas? ¿Qué es lo que las desencadena? ¿Dispones de recursos o técnicas que te ayuden a superarlas?

los cambios internos se extienden al exterior

Cuando tu mente empieza a conectar con tu naturaleza humana con mayor fluidez, comienzan a producirse cambios en la vida real. Al principio puede ser lento, pero con el tiempo los cambios se multiplican y el impacto de tu trabajo interior es innegable. La forma en que te ves a ti mismo y al mundo puede cambiar tanto que sientes que estás viviendo una nueva vida, como si hubiera tenido lugar un renacimiento. Uno de los mayores saltos hacia delante es cuando tu percepción se mueve menos por las emociones antiguas y difíciles y se centra más en asimilar lo que en realidad está sucediendo sin hacer juicios severos.

Poder ver y vivir con una mente renovada que ya no está en modo de supervivencia es un regalo que solo nosotros mismos nos podemos dar. Ser diligente con tu introspección activará una transformación interior que hará que todo lo bueno que hay en tu interior se expanda y potencie las cualidades saludables que apoyan tu bienestar para que tome las riendas y se convierta en el aspecto dominante de tu mente. Cuando atraviesas un momento de renacimiento, no sirve de nada aferrarse al viejo yo. Solo puedes hacer justicia a tu evolución moviéndote en la dirección de tu bienestar y aceptando dejar que la cáscara de tu antiguo yo se rompa y se desmorone. El reto de esta gran expansión es liberar tu apego a lo que eras y potenciar tu valor para aceptar tu expansión natural.

Creatividad

Cuando seas capaz de conectar con tu naturaleza humana de un modo profundo, tu mente tendrá una mayor sensación de claridad porque no estará tan centrada en el pasado. Esta capacidad de adoptar una nueva visión de las cosas te ayudará a resolver viejos problemas de formas nuevas. La sensación de estar atascado y atrapado en un problema recurrente suele deberse a nuestra incapacidad para ver la situación con claridad. Cuando seguimos mirándonos a nosotros mismos y a nuestra vida a través de la densa lente del pasado, es difícil idear nuevas estrategias para eliminar esos bloqueos de nuestra vida. Cuanto más puedas estar en el presente, más poderosa será tu claridad mental. Esta claridad puede ayudarte a ver más allá de tu propia perspectiva y te da la posibilidad de abrirte al flujo de la creatividad. La paz interior y la claridad mental forman una poderosa combinación que produce una inmensa cantidad de pensamientos originales e imaginativos. Algunas de las mejores ideas surgen cuando la mente no se siente apurada y puede considerar pacientemente un tema. Una mente relajada está abierta a las ideas y puede unir los puntos del conocimiento previo para crear nuevas perspectivas. Las percepciones que cambian la vida no son forzadas, llegan a su debido tiempo. Lo único que debes hacer es concentrarte en ser y observar.

La creatividad es la chispa de inspiración que permite que surjan nuevas ideas. La creatividad es más poderosa cuando dejamos de estar lejos de nosotros mismos, cuando nuestra conexión interna con lo que sentimos es fuerte y abierta. La creatividad requiere energía y, por lo general, la preocupación, la ansiedad, el miedo o las turbulencias mentales consumen nuestra energía. Cuando la mente desarrolla armonía y está menos invadida por la programación del viejo hábito humano habita en un estado relajado de abundante energía. Cuando la mente se conecta con el momento presente es bastante energizante, porque no estás atrapado en viejas narrativas. Por eso la meditación es tan reconstituyente: practicas ser consciente y estar presente. Tanto si eres consciente de lo que ocurre en tu interior como de lo que ocurre frente a ti, hay una presencia intencionada que te ayuda a mantenerte abierto a cualquier destello creativo que pueda surgir.

Cuando la mente ya no está sobrecargada de rollos mentales, puedes mirar el mundo de una manera nueva. Los cambios internos que surgen de la sanación intencionada afectan nuestra vida personal, pero también pueden tener un gran impacto en el mundo. La sanación abre la puerta a la felicidad y a la creatividad, y no solo para las personas que son artistas. Cualquier persona, en cualquier ámbito, que se tome en serio su sanación, podrá aportar una nueva visión a su trabajo. La creatividad y el coraje tienen una fuerte relación: hay que ser valiente para desarrollar algo nuevo y desviarse de la norma. Además, a medida que se amplía, la creatividad se complementa. No solo los científicos podrán hacer nuevos descubrimientos, los profesores crearán mejores métodos pedagógicos, etc. A nivel colectivo, la gente tendrá el valor de decir no a las viejas costumbres y aportar nuevas ideas para crear una sociedad más armoniosa. Imagina la clase de soluciones políticas y económicas que surgirán de los millones de personas de todo el mundo que están sanando activamente.

Nuevos límites y nuevas acciones

Una vez que la sanación esté en marcha, sentirás una fuerte necesidad de poner límites. El surgimiento de tu nuevo yo será frágil al principio: necesitará fortalecerse y gozar de espacio para madurar por completo. Los límites desempeñarán un papel importante puesto que te brindan el escudo que necesitas frente al mundo mientras atraviesas tu metamorfosis. Un límite es una forma de protección que te ayuda a mantenerte alineado con la persona en la que te estás convirtiendo. Piensa en los límites no solo como una manera de reivindicar tu poder, sino como un modo de diseñar intencionadamente tu vida. Cuando empezamos a observarnos, nos damos cuenta de que la falta de límites nos hizo la vida más difícil en el pasado.

Tomarte en serio la sanación te vuelve más selectivo sobre a quién le das tu tiempo. Las personas que te rodean te afectarán sin duda alguna. Los estados de ánimo no solo están en nuestro interior. Influyen en nuestros pensamientos, palabras y acciones, y marcan el tono de la energía en una habitación. No solo debes ser consciente de la energía que emites, sino que también debes reconocer las energías que permites en tu espacio. En última instancia, son tu percepción y tus reacciones las que condicionan tu mente y tienen el mayor impacto en cómo te sientes, pero no te ayudas a ti mismo cuando entras en ambientes que alimentan los viejos patrones que buscas romper. Si quieres proteger al nuevo yo que estás cultivando, es esencial tomar distancia de las situaciones que te agobian. Puedes hacerlo de una manera que te permita honrar tu verdad sin ser grosero, diciendo: "Lo siento, esto no es para mí" o "Eso no sería bueno para mí en este momento". A medida que sigas reafirmando tu integridad interior, lo que la gente diga o haga tendrá menos impacto en ti. Ser capaz de avanzar por la vida mientras te mantienes alineado con cómo quieres sentirte y comportarte es un signo de gran madurez.

Es esencial construir límites que sean útiles en el momento y que estén en consonancia con nosotros, como lo es también reevaluarlos y modificarlos si es necesario. Construir límites es diferente a construir un muro. Un muro puede convertirse fácilmente en un bloqueo que nos impida evolucionar y aprender a lidiar con situaciones interpersonales difíciles, mientras que los límites saludables apoyarán nuestro bienestar. Un muro es un intento duradero de huir, de protegernos de los sentimientos difíciles, pero un límite es una necesidad temporal de espacio que se va transformando a medida que el mundo interior madura.

No hay nada de malo en defenderte y en apartar de tu vida a quienes te causan daño, pero en última instancia es imposible eliminar todos los desafíos de nuestras vidas. La mejor manera de utilizar nuestra energía es tratando de mejorar nuestra paciencia y nuestra capacidad de resolver problemas, de modo que podamos solucionarlos siempre que surjan. Cada persona tendrá que encontrar su propio equilibrio con los límites, y ver cuándo son necesarios y cuándo son excesivos. Nadie conoce tu vida como tú y nadie conocerá tus necesidades en un momento dado a menos que te las aclares a ti mismo y a los que te rodean. Tienes derecho a diseñar tu espacio de forma que te ayude a prosperar.

Cuando empiezas a conectar contigo mismo, se transforma también el modo en que manejas tus amistades. Mejorar tu capacidad de ser honesto y vulnerable estrechará y profundizará tu círculo íntimo. Los límites que marques te ayudarán a aportar nueva energía a las conexiones que realmente valoras. Cultivar una conexión requiere tiempo e intención, lo que significa que las conexiones superficiales quedarán atrás. No porque seas grosero o mezquino, sino simplemente porque cada ser humano solo dispone de un tiempo finito. Sobre todo en un mundo que, por lo general, es tan acelerado y tecnológicamente exigente, solo tenemos una cantidad de energía que podemos dar a los demás. Lo importante es que, en última instancia, puedas prestar atención a las amistades que te importan para que puedan florecer plenamente.

Tu círculo íntimo estará compuesto por personas que tengan una presencia renovadora, que sean en verdad auténticas, con las que puedas compartir la risa y la verdad, y que apoyen tu crecimiento. Tus amistades son una inversión fundamental. Son la red que puede levantarte en los momentos difíciles y compartir tu alegría cuando tienes éxito. Tus relaciones con diferentes amigos evolucionarán a medida que sigas creciendo. Ninguna persona te dará todo lo que necesitas. Pero tendrás más conversaciones que te dejen asombrado, que cambien tu perspectiva, que te inspiren a pasar a la acción y que te recuerden por qué la vida es un milagro que debes aprovechar al máximo. Tu conciencia y tu crecimiento conforman los cimientos, pero tus amigos son los pilares que sostienen el techo de tu casa.

Los cambios en tu mente y en tu corazón repercutirán en todas las facetas de tu vida. Empezarán primero en tu interior, es decir, en tu percepción y tu relación con los altibajos de tu mente y tu vida. Después, los cambios se extenderán a tu círculo más cercano, incluso si las personas que te rodean no buscan transformarse de manera intencionada. Los cambios en tu comportamiento harán que las relaciones viejas y duraderas se sientan como nuevas y, cuando modifiques tu modo de comportarte con los más cercanos, esos cambios harán que ellos se replanteen cómo quieren responder a su vez. A veces, las personas temerán los cambios y otras veces se sentirán inspiradas por tu crecimiento y encontrarán esos cambios refrescantes, lo que les ayudará a reunir el valor necesario para transformar la forma en que solían hacer las cosas contigo.

La relación con mi padre cambió muchísimo cuando empecé mi propia transformación. Siempre estuvimos cerca, pero había una distancia entre nosotros porque ninguno de los dos tenía una fuerte conexión con nuestras emociones. Nuestra relación era real, pero podría haber sido más profunda. Su amor por nuestra familia siempre ha sido grande; sin embargo, lo demostraba sobre todo a través del esfuerzo que ponía para que tuviéramos un hogar y comida. Mi padre fue quien trajo a nuestra familia a Estados Unidos; llevó la carga para que nuestra familia pudiera dar un salto adelante. Y nunca dudé de su amor por mí; era evidente en su incansable trabajo para que pudiéramos tener nuestras necesidades inmediatas cubiertas.

Cuando comencé a sanar mi mente y a profundizar en mi conexión con la verdad, encontré mucho amor y gratitud por él y por todo lo que había hecho por nosotros. Y supe que la mezcla de haber tenido una infancia más dura que la mía, combinada con la ardua lucha de ser un inmigrante pobre, lo había endurecido con el tiempo. No expresaba su amor por nosotros con demasiada frecuencia y no era de los que abrazan mucho. Poco después de empezar a meditar, me armé de valor para intentar cambiar las pautas de nuestra relación. Un día, cuando llegó a casa del trabajo, le di un gran abrazo, y ese abrazo fue el comienzo de abrazarlo más a menudo y decirle que lo amo. El amor que le daba ablandó sus muros, que se habían acumulado con el tiempo. Empezó a decirme que también me amaba y poco a poco fue revelando más de su historia. Mi expresión de vulnerabilidad transformó nuestra dinámica. Comenzó a abrirse y sentí que se volvía mucho más auténtico e incluso más joven. No solo empezó a abrazarme a mí, sino que comenzó a abrazar a otros miembros de nuestra familia y a decirles a todos que los amaba. Ya no sentía la necesidad de llevar solo y en silencio la carga de sus momentos de bajón. Un abrazo y dos palabras cambiaron para siempre nuestra relación. Abrieron muchas nuevas vías de profundidad y, hasta el día de hoy, nuestra relación sigue creciendo a medida que vamos descubriendo la vida juntos.

Lo interesante —y he visto que esto se repite muchas veces en mi propia vida y en la de otros— es que no es necesario que todos los miembros de tu círculo más cercano se sometan intencionadamente a un proceso de sanación introspectiva para que tus relaciones empiecen a cambiar. Si te tomas en serio tu sanación, la forma de relacionarte con tu círculo más cercano será mucho más auténtica y tendrás más valor para vivir tu verdad. Aquellos que estén abiertos a tus nuevas acciones pueden tomarlas como una señal de que está bien que sean más abiertos y que también es seguro ser vulnerable contigo. Es cierto que algunos pueden sentirse confundidos o desanimados por tu autenticidad, sobre todo si la relación que tienen consigo mismos es demasiado distante. En última instancia, si te quieren de verdad, te aceptarán a medida que vayas pasando por las diferentes etapas de tu evolución curativa. Reconocerán que estás en medio del florecimiento de tu mejor yo y te apoyarán con gusto. Un cambio en tus acciones tiene el poder de desencadenar una serie de eventos que rompe los patrones que tenías y abre el espacio entre los dos. El amor fluye más fácilmente cuando les damos la bienvenida a la honestidad y a la vulnerabilidad.

Comunidad

El siguiente círculo que siente las ondas de tu transformación es tu comunidad, que incluye los espacios que habitas y tu trabajo. Hay muchas personas con las que interactúas en este espacio más amplio. Algunas de estas interacciones te gustan y otras te resultan difíciles. Una de las cosas más importantes que obtenemos de la introspección es un mayor sentido de compasión por los demás, que surge de la comprensión de cómo nuestra propia historia ha influido en nuestros patrones. La monja budista Pema Chödrön dijo una vez: "La compasión no es una relación entre el sanador y el herido. Es una relación entre iguales. Solo cuando conocemos bien nuestra propia oscuridad podemos estar presentes con la oscuridad de los demás. La compasión se hace real cuando reconocemos nuestra humanidad compartida". Comprender lo difícil que puede ser la vida —y cómo esa dificultad influye en nuestra forma de percibir las cosas y de comportarnos— activa una nueva compasión hacia las personas con las que nos relacionamos. Incluso en aquellos que nos desagradan, podemos ver que sus patrones deben provenir de alguna parte. Tal vez detrás de su exterior duro y poco amable haya algún trauma o tragedia que impulsa su comportamiento de supervivencia y egoísmo. No solo desarrollamos más compasión, sino que también aportamos menos tensión a nuestras interacciones con ellos, lo que inevitablemente hará que los encuentros sean mejores para todos los implicados.

Cuando disminuimos la carga que llevamos en la mente a través de la autosanación, normalmente acabamos teniendo más energía para la vida. En nuestra comunidad, esto puede significar que tenemos más espacio mental para participar en actividades que se alinean con nuestros valores y aspiraciones recién descubiertos. Como estamos menos alejados de nosotros mismos, ahora podemos acercarnos a nuestra comunidad, actuar de manera directa y hacer nuestra parte para contribuir a moldearla. Cuando somos conscientes de la lucha personal, empezamos a ver que cada individuo también lleva sus propias cargas. La mezcla de nueva energía y compasión nos invita a mirar a nuestro alrededor y a encontrar un camino que podamos tomar para ayudar a aliviar el sufrimiento.

La verdad convencional frente a la verdad última

Al aumentar la sabiduría interior se provocan enormes olas de cambio en la percepción de nosotros mismos y del mundo. La mayor verdad que abre la puerta a la felicidad es el innegable papel que desempeña el cambio en toda la existencia. Cuanto más comprendamos el cambio, más felices seremos. La mayor parte de nuestras antiguas luchas interiores giraban en torno a nuestra comprensión superficial del cambio: lo veíamos como algo lento y ajeno a nosotros, sin darnos cuenta de que es la esencia fundamental de lo que somos. Sin el cambio, nada existiría, y por el cambio tenemos la oportunidad de ser temporalmente. El cambio permite la existencia de la propia vida humana. La verdad del cambio se encuentra en el núcleo de la condición humana. No solo estamos cambiando a gran velocidad a nivel atómico, sino que todos los aspectos que componen nuestra mente están en movimiento. Cualquier cosa que se mueva se encuentra en un estado de cambio. Si se lleva esta verdad a niveles sutiles, se revela que lo que somos es una construcción momentánea, una serie de combinaciones rápidas que se unen para crear la imagen de nuestra existencia. Somos una amalgama de gran complejidad, que se mueve a una velocidad increíble. Para nosotros mismos nos sentimos reales, pero la verdadera naturaleza de nuestra realidad está fundamentalmente en flujo. ¿Cuál de tus átomos eres tú? ¿Qué estado mental en constante cambio eres tú? ¿Qué experiencia de encuentro eres tú? Si separaras todos estos aspectos, ¿cuál de ellos serías tú? Nuestra existencia es más parecida a un río en movimiento: aunque el río está ahí, se encuentra en un estado constante de transformación. En el momento en que señalas una parte del río y dices que es el río, las aguas caudalosas ya habrán cambiado. Los seres humanos tienen esa misma propiedad, aunque a nuestros ojos y a nuestra mente les cueste captar plenamente este concepto.

La verdad de que lo que somos no es fundamentalmente sustancial o estático, y que nuestro ego es increíblemente fugaz e ilusorio, puede parecer desalentadora. El ego grita y dice: "Seguro que existo". Tener que apuntalar siempre quiénes somos y defender la imagen que tenemos en nuestra mente son una fuente constante de estrés. El "yo" es útil en el nivel convencional porque, sí, tú y yo estamos aquí y tenemos que lidiar con las realidades de la vida cotidiana. Pero en última instancia, el "yo" no es real, y soltarlo en la quietud de tu mente te abre en realidad a la flexibilidad que necesitas para cultivar la verdadera paz. Dejar ir el "yo" te abrirá a tu verdadera fuerza, a las cualidades más elevadas que componen la mente humana. Lo que Buda llamaba las "moradas celestiales", o las "Brahma Viharas" —las cualidades del amor, la compasión, la alegría comprensiva y la ecuanimidad— florecen y se expanden en ausencia del "yo". El amor es tan poderoso que incluso tiene la capacidad de protegerte: el verdadero poder del amor no te dejará convertirte en un prepotente. Una persona que irradia desde su interior amor verdadero tomará las acciones pertinentes para protegerse cuando sea necesario, y lo hará sin tener odio en su mente hacia sus agresores. Simplemente hará lo adecuado para calmar la situación. La armonía engendra armonía, incluso si tiene que tomar acciones serias para hacerlo.

Aunque seamos un compuesto en constante movimiento de mente y materia unidas temporalmente, nuestra existencia convencional tiene ramificaciones reales. En el nivel último, fundamentalmente no existimos, pero en el nivel convencional, sí. Ambas cosas son ciertas;

nuestros dos niveles de existencia no se niegan el uno al otro. Ser capaz de vivir en equilibrio con estas dos verdades puede ayudarnos a soltar tanta miseria relacionada con nuestro sentido del yo. Las percepciones estrechas y poco amables que la gente pueda tener de nosotros tendrán menos impacto en nuestro estado de ánimo. Querer que nos vean de una manera específica será menos importante. Querer competir y ascender en la escala social imaginaria se sentirá menos grave. Y lo que sí parece más importante es vivir una vida auténtica. La idea del "yo", cuando se hace demasiado grande, nos vuelve narcisistas y egocéntricos. El "yo" hace que sea más fácil retorcer la lógica para que podamos sentirnos bien al comportarnos de forma poco amable y egoísta. Lo contrario es la disminución del "yo"; cuando crecemos en ausencia de egoísmo, la conexión con los demás se hace más fácil y el amor se hace más posible. Sentimos menos estrés por ampliar nuestro sentido del "yo" y más facilidad para centrarnos en vivir en plenitud.

Al principio puede resultar difícil equilibrar la verdad convencional de vivir la vida entre nuestra familia, amigos y comunidad, y la verdad última de que nosotros mismos y todo lo que nos rodea no es más que una serie de partículas subatómicas que cambian a gran velocidad, entrando y saliendo de combinaciones impermanentes. Pero con tiempo e intención, podremos utilizar la verdad última del cambio para aliviar la presión estresante que se acumula en el nivel convencional. Cuando solo pensamos en la realidad como la vida que vivimos en el nivel cotidiano, nos atamos a la ilusión y perdemos la sabiduría y el efecto nutritivo que la verdad del cambio puede aportar a nuestras vidas. Cuando nos apegamos menos al "yo" y comprendemos que nosotros, los observadores, también somos un fenómeno impermanente, podemos fluir con mayor alineación y obtener más sabiduría mientras nos movemos por esta hermosa oportunidad llamada vida.

Sé el río y fluye.

Ir hacia fuera

El último círculo que se ve afectado por tu transformación es el mundo. Aunque seas uno entre miles de millones, tus pensamientos, palabras y acciones crean ondas que se sienten a través del colectivo de la humanidad. El cambio en ti es también un reflejo de lo que muchos otros están atravesando. Este estallido global en el trabajo introspectivo no está ocurriendo nada más en unas cuantas personas; está ocurriendo a una escala tremenda. Jiddu Krishnamurti, un sabio de la era moderna, dijo una vez: "Un cambio en uno es un cambio en millones". Esta época actual, en la que la terapia y la meditación se extienden con rapidez por el mundo, pone un signo de exclamación a esta idea. La historia tomará nota de este momento, en el que innumerables personas se adentran en su interior para abordar su pasado y su confusión interna a fin de ser capaces de emerger como versiones más libres y felices de sí mismas. Sin duda, los cambios internos multiplicados por millones tendrán un efecto poderoso en el mundo. Ya está demostrado que, cuando la gente se une, la historia cambia: el movimiento por los derechos civiles en Estados Unidos es uno de los ejemplos más claros de este punto. Ahora veremos qué impacto tendrá en el presente y el futuro de la humanidad el hecho de que las personas se muevan y sanen juntas. Mi esperanza es que esta nueva ola de cambio, estimulada por nuestra sanación, ayude a establecer los cimientos que la dignidad humana requiere para todas las personas del mundo, lo que significa el fin del hambre y de las formas extremas de pobreza, el acceso a la atención sanitaria y una gran escolarización para todos.

Cuando tu mente empieza a brillar con más amor por ti mismo y por los demás, cuando la compasión florece con fuerza en tu corazón, cuando tu percepción ya no se rige por el pasado y cuando la claridad se siente más, es natural que la forma en que ves el mundo cambie de un modo radical. El amor es una fuerza poderosa que trae armonía a tu ser. Te motiva a tratar a los demás con dulzura y a hacer lo que puedas para llevar la armonía a sus vidas. El amor no nos pide que nos agotemos, pero sí que sirvamos donde podamos y que ofrezcamos nuestras habilidades y energía para apoyar a otros a vivir bien. Muchas de las catástrofes que suceden en el mundo nos parecían tolerables porque ignorábamos el daño que llevábamos dentro. Era fácil pensar que las cosas eran así y no había nada que hacer porque no teníamos formas claras que nos ayudaran a aliviarnos de nuestro propio condicionamiento. A medida que reunimos el valor para encontrar nuestro propio camino en medio del bosque lastimado y eliminar las capas de condicionamiento sedimentado que bloquean la luz de nuestra naturaleza humana, obtenemos la experiencia de primera mano que necesitamos para saber que el cambio es posible. Una vez que vemos que el cambio interior es real, la idea del cambio exterior parece mucho más factible.

Cuando miras al mundo después de tu transformación, con ojos nuevos, claros y llenos de compasión, te das cuenta de que las cosas están desequilibradas y de que puede haber mucha más bondad en el mundo. No solo entre las personas, sino entre las personas y las estructuras que hemos creado. Tu amor propio y tu creciente compasión te conectarán con tu voz y te ayudarán a ver que eres mucho más fuerte de lo que creías. Este proceso de introspección no solo te dará el valor de cambiar tu vida, sino que te ayudará a tener el valor de caminar junto a otros y trabajar para construir un mundo mejor.

Un enorme desafío para construir un mundo mejor es la manera selectiva de compasión que tienen las personas involucradas en las grandes corporaciones, así como en los gobiernos. En algunos ámbitos se presentan como moralistas, pero en otros se hacen de la vista gorda ante el daño que causan voluntariamente y culpan al sistema del que forman parte, en lugar de comprometerse de todo corazón con los valores y la amabilidad con los que les gustaría que los trataran los demás. Lo interesante es que, en algunas situaciones, incluso cuando los individuos mantienen un estándar más alto, una vez que empezamos a trabajar en grupos grandes aceptamos estructuras que apoyan menos nuestro bienestar colectivo. Como individuos nos esforzamos por ser más amables, pero como grupos defenestramos la amabilidad con demasiada facilidad. Los grupos de seres humanos tienden a hacer recaer la responsabilidad del cambio en los demás. Este desplazamiento de la responsabilidad se convierte en un ciclo interminable que hace que no se produzca ningún cambio real. Para romper este ciclo, tenemos que asumir más responsabilidad personal y colectiva.

Sabemos que la compasión entre los individuos es real, pero la tarea de nuestra generación —la generación de la sanación— es averiguar cómo podemos asumir esa compasión interpersonal y llevarla al nivel estructural. El amor motiva la creación de más amor. Si más personas se guían por el amor y tratan de utilizar sus vidas para traer más armonía y paz al mundo, será posible crear nuevos sistemas que no privilegien a los pocos de arriba y traten injustamente a todos los de abajo. Tenemos que ser audaces con nuestro amor y dejar que nos guíe para crear un mundo que se defina por su compasión estructural.

Reflexiones

- ¿Qué nuevas aspiraciones han surgido en tu interior desde que comenzó tu viaje de sanación?
- ¿Has cambiado la forma de presentarte en tu familia? ¿En el trabajo?
- ¿Ha cambiado tu visión del mundo? ¿En qué sentido? ¿El crecimiento de la compasión en tu interior te ha hecho creer cosas nuevas de una manera que habría sorprendido a la antigua versión de ti?
- ¿Cómo ha afectado el cambio a tu vida y a la forma en que te ves a ti mismo? ¿Hace que el proceso de soltar sea más suave?
- ¿Te consideras estático o dinámico?
- Desde que comenzó tu viaje de sanación, ¿cómo ha cambiado tu relación con tu ego?

armonizar
el mundo

Crecí en una zona de Boston llamada Jamaica Plain. Antes de que fuera gentrificada, la mayor parte de Jamaica Plain era una comunidad muy diversa y de bajos ingresos. Mi barrio estaba compuesto principalmente por personas de diferentes zonas de América Latina. Casi todos los que me rodeaban eran de clase trabajadora, y muy pocos eran de clase media; la riqueza parecía algo lejano que solo podía verse en la televisión. Incluso mi preparatoria, el Boston Latin Academy (no confundirlo con el Boston Latin School, que es más rico), era entonces conocido como uno de los colegios más diversos del país. Aunque era inmigrante, no me sentía como un "otro". Muchos de mis compañeros de clase eran también estadounidenses de primera generación y se enfrentaban a las mismas tensiones y presiones económicas que yo.

Los extremos del mundo no estaban claros para mí hasta que entré a la Universidad de Wesleyan. Sabía que el entorno de la pequeña ciudad sería diferente al de Boston, pero, aparte de eso, no tenía ni idea de qué esperar. Y Wesleyan tiene un campus precioso, como salido de una película. Pero pronto caí en cuenta de que la mayoría de la gente que me rodeaba era blanca. Esto, en sí mismo, no era sorprendente, ya que uno de mis mejores amigos de infancia era blanco, pero no tenía su propio avión privado. El hecho de que algunas personas de mi dormitorio hubieran llegado en un avión privado me dejó boquiabierto y me abrió los ojos al hecho de que este lugar albergaba más riqueza de la que yo creía posible. Cuando empecé a buscar un trabajo de medio tiempo en el campus, me di cuenta de que era el único de mi pasillo que buscaba empleo. Nadie a mi alrededor parecía estar preocupado por el dinero o los préstamos que se acumulaban a medida que pasaba el semestre. Lo que acentuó aún más las diferencias entre mi cuenta bancaria y la de mis compañeros fue lo desfavorecido que estaba en términos de educación. Muchas de las personas con las que iba a la universidad habían asistido a bachilleratos privados de élite, lo que les daba una gran ventaja en Wesleyan. Yo casi siempre sentía que me quedaba atrás, y era una lucha continua para mantener el ritmo.

Me encanta la gente con la que fui a la universidad. Durante mi estancia en Wesleyan conocí a mi esposa y a la mayoría de los amigos que tengo hoy en día. Así que nunca cambiaría ese aspecto de mi historia, y no albergo ningún resentimiento hacia ellos porque simplemente son el producto de su entorno. Tampoco cambiaría el lugar adonde fui al bachillerato, porque ese espacio cultivó el impulso que necesitaba para entrar en una universidad como Wesleyan. Vivir esa disparidad durante cuatro años fue transformador, y me mostró lo desequilibrado que está el mundo. Estas experiencias me dieron una idea clara de los extremos que existen. En cierto modo, parece que hay dos mundos: un espacio en el que es natural que la gente tenga problemas de dinero y reciba una educación inferior, y otro espacio más pequeño en el que el dinero nunca es un problema.

Es fácil ver la falta de equilibrio en el mundo y quedarse de brazos cruzados. Lo que sería mucho más útil es entender por qué las cosas son como son y empezar a cambiarlas. Muchas personas se quedan atascadas desempeñando papeles en sistemas dañinos, pero culpar a los individuos no cambiará los propios sistemas. Un enfoque más luminoso es adoptar una visión macro de cómo está formado el mundo y avanzar como colectivo para rediseñar la sociedad. Antes de que podamos trabajar consciente e intencionadamente para armonizar el mundo a través de la creación de la compasión estructural, es necesario comprender nuestros problemas colectivos actuales y su conexión con la mente humana.

La antigua frase "como es arriba es abajo" es especialmente relevante cuando se trata de entender cómo está estructurada la sociedad. El mundo en el que vivimos hoy se ha creado a partir de la suma total de la belleza y la crudeza interior de la humanidad. *Nuestro mundo no es un accidente. Es el reflejo del nivel actual de madurez de la humanidad.* Y el principal obstáculo para alcanzar la compasión estructural es el ego, y la división y las jerarquías que crea. Un mundo mejor no es posible sin un vasto movimiento de sanación que ayude a estabilizar la sociedad.

La mente en modo de supervivencia suele estar centrada en sí misma, y su visión se ve reducida por dos motivadores principales: el deseo y la aversión. Aunque ambos llenan la mente con enormes cantidades de tensión, nos mantenemos en este bucle de lucha porque nuestras reacciones pasadas siguen reforzando este condicionamiento.

Hasta que no hagamos nuestro trabajo interior y descubramos nuestra naturaleza humana, será difícil reaccionar con otra cosa que no sea el deseo y el miedo que deriva de ese deseo. El deseo y la aversión son hijos de la ignorancia. Cada uno de nosotros existe y toma decisiones basándose en información imperfecta. Los seres humanos estamos limitados por la percepción. No podemos evaluar de inmediato las cosas de manera justa porque tenemos que usar nuestra intención para eliminar el pasado que tiñe nuestra percepción; tenemos que enseñarnos a ser más objetivos, en lugar de dejarnos llevar por las reacciones emocionales.

El ego genera inherentemente fricciones. Hace que veamos a nuestros semejantes como competidores y nos obliga a crear jerarquías mentales en las que unos están por encima de otros. Creamos grupos internos y externos como medidas defensivas, incluso cuando no hay nada de lo que protegerse. El ego crea situaciones en las que luchamos por el poder, en vez de trabajar juntos por un bien mayor. Ya sea por el lugar que ocupamos en la escala social de nuestra familia o comunidad, por la riqueza que tenemos o por lo inteligentes o sabios que parecemos en comparación con los demás, el ego mantiene la mente atrapada en comparaciones imaginarias que consumen gran parte de nuestra energía mental. Por desgracia, lo que empieza en la mente como algo imaginario toma forma real en el mundo a través de nuestras acciones, moldeando y configurando la sociedad para corregir las desigualdades y los miedos de nuestras mentes. En última instancia, nuestros egos colectivos crean sistemas que, con el tiempo, se convierten en modos institucionales de daño.

El ego controla nuestras mentes a través de la asunción de la escasez. Nos empuja a competir por posiciones preciadas en nuestras comunidades por miedo a quedarnos sin nada si no cumplimos y participamos en el juego. El ego surge del deseo de supervivencia. Vivir bajo el prisma de la supervivencia no solo crea un mundo interior plagado de sufrimiento, sino que impone un tipo de tensión similar en el mundo exterior. Los patrones duros e implacables de la mente han tomado forma concreta como las rígidas divisiones externas que nos impiden vivir bien y vivir juntos como personas libres.

El ego tiene una naturaleza volátil y combustible. Oscila entre los extremos. Puede sentir una inmensa codicia hacia algo en un momento dado y, a continuación, rápidamente, desprenderse y sentir aversión hacia otra cosa. Cada vez que entramos en contacto con algo de inmediato lo evaluamos. Nuestra percepción está todo el tiempo decidiendo si algo es bueno o malo. Este estado constante de evaluación, que se rige por lo que hemos experimentado en el pasado, nos impide observar la realidad con claridad. Observar no es lo mismo que juzgar. La observación es un acto de presencia, combinado con la ausencia de egoísmo, en el que se suspenden los puntos de vista para poder asimilar objetivamente lo que ocurre. Por el contrario, el juicio es el resultado de asimilar la información que recibes a través de los puntos de vista sesgados de la percepción, influidos por el ego. Por lo general, nuestra evaluación está cargada de energía emocional reactiva. Si nuestra identidad se ve atacada, nuestro ego ruge a la defensiva y llena la mente de tensión. Busca cualquier maniobra que le ayude a proteger su influencia real o imaginaria en nuestra vida.

Si solo nos centráramos en crear un cambio en el espacio interpersonal externo que todos compartimos, nunca abordaríamos las raíces de las que parte nuestra sociedad: el individuo. Si queremos sanar el mundo, no solo tenemos que rediseñar la sociedad, sino que debemos ayudar a los individuos a sanar las heridas que los mueven a causar daño. Un destacado profesor de meditación estadounidense, Joseph Goldstein, escribió una vez: "En el nivel más profundo, problemas como la guerra y el hambre no se resuelven solo con la economía y la política. Su origen es el prejuicio y el miedo en el corazón humano, y su solución también está en el corazón humano". La sanación individual y el cambio global tienen que avanzar juntos como uno solo, si queremos tener éxito y construir una nueva paz global. Si somos capaces de disminuir la cantidad de traumas y heridas que la gente tiene, la paz empezará a fluir a raudales en el mundo.

Las buenas personas que defienden grandes valores y quieren ver un cambio positivo en el mundo a menudo se ven frustradas por su propio dolor no sanado y sus patrones reactivos. Cuando no conoces tu historia emocional, esta puede surgir y consumir tus acciones cuando la vida se pone difícil. Incluso cuando levantas la bandera de la esperanza, es fácil dejarla caer si nunca te has tomado el tiempo de ir hacia dentro y desentrañar las raíces de la ansiedad, la aversión y la ignorancia que manipulan tu mente.

Uno de los mayores problemas que ha enfrentado la humanidad una y otra vez es que queremos un mundo mejor, un mundo sano, pero nuestros líderes y las masas no están sanas para producir ese nuevo mundo. A menudo, en nuestro intento de producir un mundo mejor, terminamos recreando el daño que en realidad estábamos tratando de erradicar en primer lugar. Sobre todo, si ese movimiento para crear un mundo mejor empieza a ganar energía e impulso, los defectos de los egos no sanados empezarán a aparecer. Si el deseo permanece arraigado en tu mente, tiene el potencial de dominar tus acciones y causar daño. *El poder funciona como un imán que revela tus patrones más densos.* Como echar leña al fuego, el poder suele alimentar el egocentrismo de la mente.

El ego crea triángulos

Si observas la estructura de la sociedad desde una perspectiva de diseño, te darás cuenta de que nuestros gobiernos, empresas, riqueza y poder tienen la forma de un triángulo, con un puñado de personas en la cima que toman decisiones para las masas que están en la base. El arraigado apego a la jerarquía que todo ego lleva consigo ha contribuido a organizar la sociedad de modo que unos pocos tengan un gran poder sobre la mayoría.

Al ego le encanta el poder centralizado, sobre todo si esta estructura le beneficia. Aunque muchas personas son capaces de un liderazgo excepcional, la manera en que están estructuradas las cosas no permite que la mayoría tenga la oportunidad de ejercer su habilidad para dar forma a los grupos de los que son parte. Algunos afirman que la estructura triangular proporciona una gran eficiencia a cualquier organización. Esto puede ser verdadero hasta cierto punto, pero bloquea el poder de aquellos que no tienen la suerte de alcanzar uno de los codiciados puestos. Los que no terminan en la cúspide del triángulo se sienten naturalmente privados de derechos y oprimidos.

Hay otro argumento que dice que cualquiera puede fundar su propia empresa, esa es la manera de convertirse en el jefe y estar en la cima del triángulo. Pero eso solo resuelve el problema para un puñado de personas, porque, una vez más, diseñan una empresa en forma de triángulo donde tienen el poder sobre el destino de muchos. El principal problema de la estructura triangular de la sociedad es que genera animosidad y fricción. No importa quién esté en la cima, los que no tienen el control sentirán los efectos de su privación de derechos y experimentarán un creciente resentimiento hacia los ricos y poderosos, en especial cuando la desigualdad material es tan evidente.

También cuando pensamos en términos de movimientos sociales y revoluciones, una vez que los oprimidos adquieren el poder, suelen vengarse de los que una vez los oprimieron en nombre de la justicia. La justicia se confunde fácilmente con la venganza. Dañar a los que una vez te dañaron genera un ciclo de violencia y crea más personas resentidas que pueden buscar venganza en el futuro. Si los grupos de personas luchan todo el tiempo por el poder y se vengan de sus antiguos opresores una vez que ganan, las fricciones sociales seguirán obstaculizando la armonía y una paz duradera. La gente a menudo buscará el poder y luego se quedará atrapada en la misma dinámica que intentaba cambiar. El ciclo de daño continuará hasta que abordemos la causa raíz del sufrimiento dentro del individuo.

La naturaleza humana sanada crea círculos

Nuestra próxima versión de la sociedad global tiene que ser más empoderadora, y para hacerla realidad tenemos que diseñar nuestras organizaciones para que sean más flexibles. Para distribuir el poder entre un mayor número de personas, debemos empezar a pensar de forma más circular, donde el poder y la riqueza se compartan de manera equitativa, en lugar de ir a parar a las manos de unos pocos. Los diseños circulares ya gozan de cierta popularidad en las cooperativas, en las empresas propiedad de los trabajadores, en los fondos de ayuda mutua y en las organizaciones gestionadas horizontalmente. El camino hacia una mejor distribución de la riqueza y el poder no es un misterio: ya hay modelos probados que la gente está utilizando con éxito.

El modelo circular de sociedad nos llama a evolucionar nuestra idea de democracia, a profundizar en ella para que más personas puedan crear y votar leyes. Tener grupos muy reducidos de personas que generan un impacto tan grande en nuestro futuro colectivo es una receta para la insatisfacción y el daño. Implicar a más personas en nuestra gobernanza democrática local y nacional tendrá un efecto sanador para la humanidad. Por mi propia experiencia, he visto cómo la gente se activa cuando el poder se distribuye de forma más equitativa. La organización que realicé con el BYOP, y más tarde en un grupo llamado *Jóvenes contra el Encarcelamiento Masivo*, me mostró lo mucho que la gente aprecia ser parte de la toma de grandes decisiones, y a menudo acaban creciendo a través del proceso. En BYOP, pasábamos el tiempo hablando de diferentes temas que nos preocupaban en nuestras escuelas o en la ciudad. A continuación, decidíamos, entre unas cuarenta personas, en qué queríamos trabajar. Cuando había una clara mayoría, empezábamos a elaborar estrategias para nuestra nueva campaña. Lo que vi de mis compañeros fue que, como decidíamos colectivamente en qué íbamos a trabajar, todo el mundo se sentía dueño de la campaña, lo cual hacía que la gente se sintiera más entusiasmada por formar parte del movimiento. No solo dimos dirección a nuestro trabajo, sino que establecimos profundos vínculos entre nosotros. Personas de diferentes partes de Boston, que no se habrían conocido de no ser por este espacio, acabaron desarrollando amistades duraderas.

Formar parte de un proceso que te ayuda a vivir en tu poder es profundamente transformador. Recuerdo cuando conocí a mi amiga Corina: venía a las reuniones de BYOP, pero era tímida y callada. Con el paso del tiempo, y a medida que se le asignaban más responsabilidades, despertó la líder que había en ella. En el grupo, acabó convirtiéndose en una de las personas a las que todo el mundo acudía en busca de orientación e inspiración, y ahora, como adulta, se desenvuelve con una mezcla de audacia y gracia. Ser parte de un proceso democrático muy circular fue clave en su evolución.

Si podemos hablar con los demás y descubrir que hay muchas similitudes en las cosas que deseamos, podremos humanizarnos unos a otros en nuestras mentes. Es fácil deshumanizar a alguien cuando no conoces su nombre, su historia o su familia. Podemos combatir la alienación y revitalizar nuestras comunidades dando a la gente poder sobre su grupo. Permitir que el público decida cómo se gastarán los fondos del gobierno en sus comunidades se llama "presupuesto participativo". Se trata de una forma clara de profundizar en la democracia que hace que la gente se implique más que votando cada pocos años. No solo debemos recuperar los ayuntamientos, sino también darles poder. Es menos probable que uno perjudique a su vecino cuando lo conoce.

La única manera de crear una sociedad más humana es asegurándonos de que haya muchas opciones de cómo se diseñan las cosas. Si la gente funciona feliz dentro de una estructura triangular, no hay que molestarla. Pero si la gente quiere crear nuevos grupos e instituciones en modelos circulares, la sociedad debería apoyarlos. Lo que importa es que las personas se encuentren voluntariamente en las situaciones de las que forman parte. A medida que la humanidad madura, nuestra tarea es ampliar el número de oportunidades que están disponibles para todos nosotros. Si otros buscan más oportunidades para ejercer su poder, debe haber vías para que lo hagan. Lo que importa es que actuemos según nuestras ideas y que la sociedad nos apoye en su creación. Debemos ser libres de hacer lo que queramos, siempre que no perjudiquemos a los demás en el proceso.

Equilibrio en lugar de extremos

Una reacción común al cambio es el miedo, y para algunas personas esta reacción es más intensa cuando hablamos de crear una transformación en la sociedad. Un cambio positivo no tiene por qué dar miedo, sobre todo si se modera y se sugiere con la comprensión de que lo mejor para la humanidad es alejarse de los extremos. Llegar a los extremos es lo que nos ha llevado al estado actual. Cualquier cambio que contribuya a construir un futuro mejor debe hacerse teniendo en cuenta el equilibrio. En este sentido, el equilibrio es la compasión hacia todos los implicados con la esperanza de elevar la situación a un nuevo grado de armonía. Cuando observamos cualquier problema global importante, debemos actuar con un corazón que espera traer más amor a la estructura de la sociedad y con una mente que busca el equilibrio en lugar de los extremos.

Es innegable que estamos atravesando una emergencia climática debido a nuestro impacto colectivo. Aunque la idea de la creciente inestabilidad climática es desalentadora, esta lucha es también una de nuestras mayores oportunidades para rediseñar nuestro funcionamiento como pueblo global. Tenemos que abordar este problema desde todos los ángulos, no solo creando fuentes de energía realmente limpias y frenando la inmensa cantidad de emisiones de combustibles fósiles de las empresas (una investigación del *Carbon Disclosure Project* reveló que el 70% de las emisiones son creadas por solo cien empresas), sino mejorando nuestra idea de lo que es el "cuidado empoderado" cuando ocurren los desastres. Por ejemplo, si somos capaces de manejar los fenómenos meteorológicos destructivos con una mayor compasión —de modo que las personas afectadas continúen recibiendo atención después de que los reflectores y las cámaras desaparezcan— mostraremos que nuestra compasión es real. El amor no solo aparece cuando las cosas son difíciles. Está ahí antes de que se produzcan las dificultades y permanece después de que estas desaparezcan, porque la gente necesita tiempo para recuperarse. Es de esperar que nuestras innovaciones nos lleven a construir economías circulares que sean menos derrochadoras y no dependan de modelos de crecimiento interminables.

No podemos extraer mucho de nuestro planeta. Si llevamos nuestro hogar al extremo, ya no podrá alimentarnos.

Hay que combatir frontalmente el racismo y el patriarcado con compasión. Estos dos males de la sociedad han causado suficiente daño y división. Nivelar el campo de juego para todas las personas no significa que el objetivo sea obligar a todos a ser iguales. El verdadero objetivo es preparar a la gente para que pueda jugar en el campo. No se trata de crear nuevas e injustas ventajas, sino de corregir las tendencias históricas que siguen estratificando injustamente la sociedad. Los que no pertenecen a grupos oprimidos suelen temer que un impulso a favor de la justicia, la igualdad y la inclusión signifique que los que normalmente no se benefician de la estructura de la sociedad den vuelta a la tortilla y se conviertan en los nuevos poseedores del poder, señoreando a los que antes lo detentaban. Esto está muy lejos de la realidad. Si la humanidad quiere tener éxito a largo plazo, el viejo juego de unos controlando a otros tiene que terminar.

La guerra es uno de los signos más claros de inmadurez. La matanza de muchos para el beneficio de unos pocos es una tragedia que ha traumatizado a la humanidad a lo largo de la historia. Reaccionar mediante la violencia en aras del control y los juegos del ego lastra a nuestro colectivo. Abordar los desacuerdos sin violencia es un umbral crítico que debemos cruzar si en verdad queremos considerar a la humanidad como civilizada. Es posible mantener un desacuerdo dentro de una contención compasiva, para que todas las partes sean escuchadas y se cree una nueva armonía. Para que esto ocurra, es necesario un cambio de paradigma en el que una masa crítica de personas comprenda a profundidad que la vida humana no tiene precio y que la sociedad debe avanzar para apoyar el florecimiento de la vida, aunque haya disenso en diferentes grupos de poder.

Otro gran reto que tenemos por delante es asegurarnos de que el futuro online que creamos nos sirva en lugar de perjudicarnos. Los algoritmos sin control que no tienen sentido de la moralidad o compasión por el usuario pueden crear resultados increíblemente dañinos. Lo último que necesitamos es que la tecnología amplifique los aspectos difíciles y densos de nuestro carácter. Si los medios online que utilizamos para conectarnos con los demás potencian insidiosamente nuestros deseos y nos colocan en pequeñas burbujas en las que solo vemos nuestras propias preferencias, la tensión mental se hará más profunda, pero además limitaremos y ralentizaremos nuestro crecimiento personal. La conexión humana online puede ser una herramienta fundamental para ayudarnos a construir un mundo mejor si la utilizamos para enaltecer en lugar de denigrar. Las redes sociales son tan solo un reflejo de nosotros mismos. Pueden mostrarnos nuestra dureza o puede mostrarnos nuestro amor. Debemos asegurarnos de humanizar las plataformas online actuales y futuras impregnándolas de formas de diseño compasivas. La tecnología debe conectarnos e informarnos sin hacernos adictos o más solitarios. Todas las plataformas deberían crear, de manera intencionada, su producto pensando en el bienestar del usuario.

No pretendemos crear otro extremo en el que unos pocos ejerzan el poder sobre la mayoría. El amor que crece en nuestro interior nos llama simplemente a hacer la sociedad más justa para que todas las personas tengan lo necesario para prosperar y vivir sus vidas como desean. Al igual que ocurre en una relación entre dos personas, así será en nuestro gran colectivo. Nuestro objetivo es apoyar la felicidad del otro. No podemos hacernos felices los unos a los otros porque la felicidad nace desde dentro. Pero podemos observar las condiciones del momento en que nos encontramos y hacer los ajustes necesarios, para que la felicidad del otro sea una posibilidad mayor.

Al ego le encanta que otras personas piensen igual que él. Desea la semejanza. Pero esto está en conflicto directo con la libertad. Debemos enseñarnos a tener la flexibilidad mental para apreciar la diversidad de puntos de vista. Los grupos de seres humanos llegan a grandes soluciones cuando no tienen los mismos puntos de vista en la etapa inicial. Compartimos lo que sabemos y sostenemos intercambios claros, para luego poder elaborar un plan mejor. Dejar que nuestros egos controlen la forma de ver el mundo no nos ayudará, porque, por lo general, el ego está en modo de supervivencia, y ahí ya no estamos. *Estamos tratando de entrar en una era de abundancia compasiva, donde todos puedan compartir la gran riqueza que la humanidad ha creado.* Elevarse por encima del ego y pensar desde un lugar de compasión nos ayudará a honrar nuestra responsabilidad hacia nosotros mismos y nuestras familias. Al mismo tiempo, nos permitirá pensar de manera más compleja, para que podamos actuar simultáneamente en una visión más grande para la humanidad en su conjunto.

Nuestro mayor obstáculo será el miedo y el deseo de control del ego. El miedo impide que los humanos quieran compartir la abundancia. La adicción al control nos hace temer que, si tratamos de cuidar a todo el mundo, tendremos que renunciar a nuestra propia libertad y a nuestros propios recursos. La verdad es que es todo lo contrario. Es difícil ser plenamente feliz por uno mismo y por los demás cuando hay tanto sufrimiento a nuestro alrededor. Si trabajamos juntos para aliviar ese sufrimiento, nuestro entorno colectivo se sentirá más ligero. Las cosas no serán perfectas, pero erradicar las formas materiales más duras de sufrimiento —como el hambre, la falta de vivienda, la falta de educación y la falta de atención sanitaria— tendrá sin duda un impacto positivo en el bienestar y la perspectiva consciente de cada uno. Cuidar de los demás nos dará más libertad como individuos para centrarnos en crear cultura y arte a partir de las partes sanadas de nosotros mismos. Si la supervivencia pura y dura deja de ser nuestra principal preocupación, podemos centrarnos en los aspectos más importantes de la vida e intentar hacer realidad nuestras aspiraciones más profundas. Prosperar no es solo cultivar una mentalidad sana, sino dar vida a lo que queremos ver en el mundo.

Cuando observas el mundo con honestidad, puede parecerte abrumador y puede que te preguntes cómo ayudar, como individuo, a hacer del mundo un lugar mejor. Encontrarás tu lugar en este movimiento conectando con tus intereses. ¿Cuál es tu forma ideal de ayudar? Si eres un organizador o un empresario, utiliza tu valor y tu creatividad para construir lo que sabes que le falta al mundo. Una nueva empresa con una misión audaz no puede dejar de atraer a personas con ideas afines. Tampoco tenemos que empezar todo desde cero. Con un poco de investigación, podemos averiguar más sobre las áreas que nos interesan y dedicar parte de nuestro tiempo a organizaciones ya establecidas. *Lo importante es que encuentres una manera de hacer que tu compasión sea activa.* Esto será diferente para cada uno, pero, si más personas lo intentan, la humanidad dará pasos positivos hacia delante. Si un individuo que se cambia a sí mismo para mejor crea un impacto positivo en el mundo, imagina lo que pueden hacer muchos millones de personas cuando se liberan de las cargas que los han limitado. Los que se toman en serio su sanación construyen un mejor equilibrio de compasión para sí mismos y para los demás. No se dejan atrapar por los extremos, sino que dan amor y apoyo cuando pueden y son conscientes de mantener su propio depósito lleno.

Nuestro reto como personas modernas es mirar más allá de lo superficial y ver la verdad sutil que conlleva más profundidad. A diario nos inundan con información que se reduce a trozos del tamaño de un bocado diseñados para hacernos sentir de determinada manera. Es fácil dejarse llevar por las emociones de la información que encontramos, pero eso no es saludable y no fortalece nuestro poder. El mundo digital toca la gama de tu espectro emocional como si fuera un piano. A mi mujer le gusta bromear diciendo que tuvo que dejar de ver el futbol profesional y algunos programas de televisión porque manipulaban sus emociones con demasiada facilidad. La información rara vez se presenta de forma objetiva, sino que, a menudo, viene envuelta en una narrativa oculta. La información se presenta de una manera que reduce su complejidad y emplea un tono sensacionalista que busca clics y visualizaciones. Vivimos en una época en la que la verdad es escasa, pero las opiniones abundan. La desinformación prolifera porque la atención crea, literalmente, ganancias. Cuando entiendas que tu atención es preciosa y que el mundo digital compite por ella, serás más cuidadoso de hacia dónde diriges tu mente. Si no quieres que te digan lo que tienes que creer, si no quieres que te silencien y exploten digitalmente, debes ser crítico e intencionado.

Un paso adelante esencial

Uno de los lugares más claros en los que debemos eliminar los extremos y alcanzar un equilibrio es en el ámbito de la pobreza global y la desigualdad de la riqueza. Vivimos en una época en la que la riqueza ha alcanzado cotas extraordinarias y casi insondables. Necesitamos enderezar nuestras prioridades permitiendo que la compasión reafirme la dignidad humana. Tenemos que centrar nuestra energía en cubrir los aspectos básicos que requiere la vida humana. Comida, agua, trabajo, atención sanitaria, vivienda, educación, libertad, son necesidades fundamentales a las que no todos tenemos acceso. La humanidad no será plenamente civilizada hasta que todos tengan acceso a lo necesario para nutrirse y prosperar.

No hay nada de malo en crear productos y plataformas que sirvan al público, pero lo que importa es cómo lo hacemos. Debemos dejar en el pasado las terribles condiciones laborales en las que la gente trabaja demasiado tiempo y recibe una remuneración injusta. Una señal de que la humanidad ha madurado es que la gente exige y crea sistemas en los que los extremos de la pobreza se reducen hasta el punto de no existir, en donde las personas están bien pagadas por el trabajo que hacen, sea cual sea la industria. Nuestro mundo necesita un nivel básico de trato humano que no debe negarse a nadie. Apoyar la dignidad humana debería ser nuestro nuevo imperativo. Tenemos los recursos; ahora necesitamos la voluntad. No hay nada de malo en la competencia, pero la gente no debería seguir perpetuando un sistema en el que existe la posibilidad de pasar hambre, no tener hogar y no recibir cuidados.

La riqueza creada por la humanidad debe repartirse de forma más equitativa. Esto no significa que la gente pierda la capacidad de crear riqueza y tener éxito económico. Pero sí significa que los que poseen una riqueza extraordinaria tienen la responsabilidad de devolver a la sociedad su parte justa para contribuir a la mejora colectiva. Tememos al comunismo y también al capitalismo. Llevar cualquier idea al extremo, donde se utiliza la lógica desprovista de amor para razonar por qué está bien causar daño, es una clara señal de que el camino que se ha tomado conducirá a la ruina. Lo que necesitamos es equilibrio. Hemos de extraer lo mejor de nuestras ideologías para encontrar un camino intermedio, un camino que pueda llevar a la humanidad a un nuevo nivel de libertad y que incluya una expansión global de los derechos humanos. Como parte de esta expansión, la pobreza debería dejar de formar parte de la historia de la lucha humana. Las personas deben ganar dinero a un ritmo que apoye su independencia y movilidad. Esto no significa hacer ricos a todos. Significa rediseñar la sociedad para preservar la dignidad de todas las personas.

Compasión estructural

Uno de los obstáculos clave que la humanidad tiene que superar para alcanzar su madurez es llevar la compasión del nivel individual al grupal y social. La compasión estructural es lo contrario del daño estructural que existe actualmente y que la sociedad suele ignorar. Nuestro reto es avanzar juntos para corregir estos males sociales y equilibrar el modo en que nuestros gobiernos, instituciones y empresas interactúan con todas las personas. Nuestra madurez no se mide solo por cómo nos tratamos a nosotros mismos; es también importante cómo tratamos a los demás. En la actualidad, el lucro es una de las principales fuerzas que guían a la sociedad en este planeta, pero nuestro motivo de lucro debe ser sustituido por el esfuerzo de elevar la dignidad humana. Para poder centrarnos en el bienestar humano hemos de actualizar la consigna: "Las personas antes que las ganancias".

La compasión estructural es un movimiento para rediseñar el mundo de manera que refleje amor, como opuesto de la codicia. La compasión estructural no es una revolución, sino una reorientación intencionada de nuestra energía para que una mayor parte de la humanidad pueda vivir sin tener que luchar tan intensamente por lo material. La compasión estructural es un intento de construir amplias redes de apoyo, que faciliten el acceso a lo que las personas necesitan y más oportunidades de éxito interior y exterior. Mantener la visión de la compasión estructural mientras nos movemos por el mundo nos ayudará a crear cambios positivos en las organizaciones de las que formamos parte. La compasión estructural no es una lucha; es una visión a largo plazo que se extenderá de forma pacífica. Construir un mundo más compasivo nos beneficia a todos, porque a medida que disminuya la cantidad de personas que sufren, todos estaremos más seguros y habrá más éxito, celebración y alegría. Es más fácil sentirse en paz y ser feliz cuando sabes que tu familia humana también está bien.

La compasión estructural es una idea que tenemos que definir a nivel colectivo y convertir en realidad. Se guía por las necesidades básicas de todos los seres humanos. Ningún individuo va a dar con la manera exacta de lograrlo, y ninguna teoría o doctrina que exista en la actualidad dominará la forma en que la compasión estructural debe desarrollarse en el escenario global. Pero hay algunas preguntas claras que podemos hacernos y que nos mostrarán si estamos avanzando en la dirección correcta:

- ¿Esta acción disminuye el daño?
- ¿Esta acción permite que más personas gocen de prosperidad?
- ¿Esta acción apoya la libertad de las personas?
- ¿Qué otras estructuras sociales podemos crear para apoyar la felicidad humana?

La libertad es un componente crítico de la compasión estructural. Necesitamos equilibrar la realidad de que los seres humanos están incuestionablemente interconectados y que nuestra existencia es inherentemente colectiva. No solo nos necesitamos los unos a los otros, sino que *somos* el otro, y sin el otro no podemos tener éxito. Ya no es posible ignorar nuestra naturaleza colectiva ni ignorar la verdad de que lo que hacemos afecta a los que nos rodean. La presión que ejercemos sobre la salud del planeta y su viabilidad a largo plazo lo demuestra a cabalidad. Nuestra libertad está ligada a nuestra naturaleza colectiva, y si no cuidamos de forma adecuada del conjunto, el individuo no podrá prosperar. Si ignoramos el sufrimiento de los muchos, el sufrimiento se acercará cada vez más a nosotros hasta que también nos consuma. Si de verdad queremos ser libres, tenemos que ver que somos una sola familia humana. Si cuidamos de nuestra familia, nuestra felicidad y tranquilidad podrán alcanzar nuevas cimas. Debemos ser cuidadosos de no llevar al extremo la idea de la humanidad como colectivo. No podemos centrarnos tanto en lo colectivo que el individuo desaparezca. Si las personas no pueden ser ellas mismas —si no se les permite crear como quieran, trabajar en los sectores que elijan, beneficiarse de sus creaciones, tener libertad de movilidad— entonces la sociedad ha fracasado. Todos debemos contribuir con nuestra parte justa para poder financiar el bien mayor, y necesitamos objetivos sociales comunes que nos ayuden a satisfacer las necesidades de muchos. Pero la autoridad de arriba no puede tener el control total de nuestras vidas. Si no somos capaces de diseñar nuestras propias vidas, entonces ya no somos libres. El autoritarismo nunca es la respuesta.

Hemos sido testigos en la historia que cuando se lleva al extremo la libertad individual, se ignora a las masas que sufren. Por otro lado, el colectivo se convierte a veces en el único objetivo y los derechos individuales empiezan a desaparecer. Necesitamos encontrar un equilibrio para poder construir una sociedad estable y próspera. Las situaciones de las personas son tan diversas que necesitamos tanto las libertades individuales como las redes de seguridad. Tenemos que ampliar nuestra compasión para abarcar el mundo. Esto nos ayudará a identificarnos con aquellos a los que no conocemos, pero con los que tenemos tanto en común. Nuestra única opción real para hacer frente a los grandes retos de este siglo es reconocer plenamente y actuar sobre el hecho de que todos estamos juntos en esto.

Nuestra conexión intrínseca con los demás seres humanos se hace evidente cuando somos capaces de conectar más fácilmente con nuestra naturaleza humana. Vemos a los demás y sabemos que su historia no está muy lejos de la nuestra; que todos luchamos en nuestra mente; que todos sentimos tristeza, miedo, alegría, ansiedad y cualquier otra emoción del espectro humano. Vemos a los demás y sabemos que la vida nunca es fácil, que todos llevamos una densa carga del pasado.

Un ser humano que se toma en serio su sanación se convierte en un agente de compasión. Esto no significa que su único propósito sea ayudar a sanar el mundo. Pero sí significa que está abierto a ayudar a aliviar el sufrimiento en el mundo. Esto será diferente para cada persona. Todos tenemos capacidades y responsabilidades únicas, pero para muchos de nosotros hay espacio para dar más o incluso para unirse a un grupo o movimiento que está tratando de cambiar el mundo para mejor. Al igual que los pequeños actos de bondad marcan la diferencia, también lo hacen las pequeñas cantidades de tiempo que dedicamos a proyectos de mayor envergadura que provocan un cambio directo.

Perjudicar a los demás afecta de forma directa a tu paz interior. No hacer nada para ayudar a los demás cuando sabes que puedes hacerlo también es muy perturbador. En el fondo, nos duele ver a los demás en dificultades. El amor tiene esta increíble capacidad de expandirse. Nos inspira a crear más amor, a llevar la armonía a las situaciones de las que formamos parte y a difundir el equilibrio allí donde podamos. El amor no nos pide que seamos guerreros incansables, simplemente nos pide que ayudemos de manera que se alinee con nuestros talentos y nuestros medios. No hay nada de malo en hacer que tu misión sea ayudar a los demás, pero no lo uses para escapar de lo que sea que esté pasando dentro de ti. Hasta los trabajos más nobles pueden ser cooptados por el ego o por viejas heridas. Nuestro trabajo interior debe ir de la mano del trabajo que hacemos en el mundo; de lo contrario, corremos el riesgo de estrellarnos contra el muro del agotamiento.

La humanidad se enfrenta a enormes desafíos en este siglo: desmantelar el racismo y el patriarcado, poner fin a todas las formas de guerra, reducir los daños del cambio climático, abordar la brecha mundial de ingresos y levantar a los que están atrapados en el fango de la pobreza. Por fortuna, al mismo tiempo está ocurriendo el mayor movimiento de sanación de la historia de la humanidad. La generación de la sanación seguirá expandiéndose y ocupando su lugar en el escenario mundial. Con un mayor acceso al poder de la mente humana y a nuestra nueva energía colectiva, y con la abundante creatividad que brota de nuestra verdadera naturaleza humana, seremos capaces de superar los límites de lo que antes se creía posible y de aportar un nuevo equilibrio al mundo.

Los retos a los que nos enfrentamos son formidables, pero antes de que te sientas abrumado por pensamientos como "¿Cómo podremos arreglar todo esto?", primero mira hacia dentro y sana tu mente. De la ligereza de una mente sanada surgirá una fuente de valor y creatividad que te ayudará a ver los viejos problemas de forma nueva. Estamos en el comienzo de una era de revitalización en la que la humanidad está conectando con una manera elevada de creatividad. Sanarnos a nosotros mismos es el cambio de juego que todos hemos estado esperando, no solo para nuestras vidas personales sino para el mundo. Puede parecer contradictorio, porque tenemos la tendencia a buscar soluciones a los problemas externos, pero nuestro potencial más profundo no puede activarse a menos que deshagamos los patrones que arrastramos y abramos espacio en nuestra mente para poder entrar con más gracia en cualquier momento con una presencia clara. La sanación es lo que hará realidad una futura paz global duradera. En silencio, nuestro profundo dolor siempre ha sido nuestro mayor impedimento para construir un mundo mejor. Hasta que se libere nuestro propio peso, creará caos, incluso cuando deseemos buscar equilibrio. Pero no necesitamos esperar a estar sanados por completo para asumir los grandes problemas externos a los que nos enfrentamos; el trabajo exterior e interior debe hacerse simultáneamente.

Reflexiones

- ¿Qué significa para ti la compasión estructural? ¿De qué manera te gustaría que el mundo fuera más compasivo?
- ¿Cuál es tu relación con el ciclo de noticias? ¿Eres capaz de estar en contacto con lo que ocurre en el mundo sin agobiarte?
- ¿De qué manera puedes convertir tu compasión en acción? ¿Hay algún movimiento o tema que te interese en especial? ¿Hay alguna organización que trabaje en ese tema y que quieras mantener en tu radar y apoyar siempre que te sea posible?
- ¿Cómo llevas la compasión a tu vida cotidiana? ¿En tu círculo de amigos? ¿En tu familia? ¿Con las personas que encuentras en tu vida?
- Si estuvieras al mando, ¿qué cosas cambiarías del funcionamiento actual del mundo? Si el amor estuviera al mando, ¿cómo rediseñaría el mundo?
- ¿Qué problemas ves en la sociedad? ¿Cuáles te afectan directamente?
- ¿De qué manera has sido parte de la solución? ¿De qué manera has sido parte del problema?
- ¿Trata tu ego de crear jerarquías, incluso cuando no lo deseas? ¿Cómo te ayudan las herramientas que has adquirido en tu viaje de sanación a reconectar con la compasión?
- ¿Qué te hace esperar que nuestro mundo pueda ser más humano en el futuro?

una nueva era

Si quieres despertar a toda la humanidad,
entonces despierta todo tu ser.
Si quieres eliminar el sufrimiento en el mundo, entonces
elimina todo lo que es oscuro y negativo en ti.
En verdad, el mayor regalo que tienes que dar
es el de tu propia autotransformación.

LAO TZU

No hay nada perfecto en mi vida, pero no puedo negar que hoy en día hay cambios claros en el funcionamiento de mi mente en comparación con cómo se movía antes de que comenzara mi viaje de sanación personal. Todavía enfrento momentos de bajón, luchas internas, instantes en los que mi mente está llena de tensión. Pero, al mismo tiempo, hay más autoestima y una capacidad más profunda de ver las cosas desde la perspectiva de los demás. El pensamiento compasivo me era por completo ajeno porque estaba demasiado centrado en mí mismo, pero ahora puedo cambiar con más facilidad a un enfoque centrado en el corazón. El ego sigue ahí, pero la verdad libre del ego también se encuentra cómodamente a su lado. La paz ya no se siente como una imposibilidad; es algo que construyo a diario cada vez que medito. Creo que así es para la mayoría de nosotros: el camino hacia una vida mejor es gradual, y a veces nos sentimos como si estuviéramos en un espacio intermedio entre lo que éramos y aquello en lo que nos estamos convirtiendo. No necesariamente nos iluminamos, pero nos aligeramos. Si seguimos dando pasos adelante, el pasado transita de ser una parte densa de nuestra vida a un viejo recuerdo que nos sirve para reconocer lo mucho que hemos superado. Personalmente, lo que más me importa es que estoy avanzando. Aunque hay días en que doy pasos pequeñitos, también cuentan.

Sin este viaje de sanación, yung pueblo nunca habría existido, y desde luego yo nunca habría llegado a millones de personas en todo el mundo. Me parece interesante que el crecimiento de yung pueblo se haya sincronizado con mi crecimiento personal. Todo crecía despacio hasta que empecé a meditar a diario, y hubo otro empujón cuando dejé de consumir por completo intoxicantes. Después de hacer mi primer curso de veinte días, fui capaz de tener suficiente estabilidad mental para lograr lo que necesitaba para publicar mi primer libro. Cuando empecé a hacer cursos de treinta días, las cosas despegaron de verdad, y el alcance de mi cuenta de Instagram creció exponencialmente. Tengo que ser claro: no medito para ser escritor ni para ganar notoriedad. Medito para poder avanzar en el camino de la liberación, que me rescata del deseo, pero no puedo negar que meditar me ayuda a dar forma a mi escritura y me da un impulso creativo. No creo que tú y yo estuviéramos teniendo esta interacción en este momento si no me hubiera comprometido a meditar. Nunca habría podido acceder a mi creatividad interior sin someterme al viaje interior.

He dado charlas en muchas ciudades diferentes y he interactuado con tantas personas inspiradoras que sé que el viaje de sanación se está volviendo popular. Cada vez hay más personas que se lanzan y encuentran su propio camino porque también saben que ha llegado el momento de hacer un profundo trabajo interior. Muchas están pasando por el mismo proceso que yo. Su sanación está despertando su poder interior y lo están utilizando para su propio bien y para el bien de los demás. La verdadera naturaleza humana se está elevando a la vanguardia de la sociedad a través de los corazones y las mentes de quienes están sanando. Encuentro esperanza para el futuro en aquellos que están cultivando su capacidad de pensar y actuar a través del amor propio.

Prioridades

La armonía dentro de una persona no basta, pero la armonía dentro de muchos causará una ola de cambio innegablemente positiva. No te agotes tratando de cambiar el mundo tú solo. Por mucho que lo intentes, no puedes hacerlo. No hay ningún individuo que pueda arreglar todo. El equilibrio de nuestro mundo será el fruto de un esfuerzo colectivo.

Lo mejor que puedes hacer por los demás es sanarte a ti mismo. Esta es la prioridad por encima de todo. Ten en cuenta que no necesitas estar sanado por completo para servir al mundo. Puedes recorrer el camino interior y ser al mismo tiempo un catalizador del cambio. A medida que te muevas hacia dentro, tu amor propio abrirá la puerta al amor por todos los seres, y ese amor será activo. Serás capaz de actuar de una manera que se adapte bien a ti, que juegue con tus puntos fuertes y que esté alineada con tus talentos y habilidades.

Enfocarse en el cambio personal lo es todo. Cuando tu mente se vuelva más tranquila, más consciente, menos tensa y esté mejor descansada y alimentada, tus acciones serán más hábiles y de tu bienestar surgirá una poderosa creatividad. La vida puede volverse turbulenta a veces, pero aunque las cosas se vuelvan caóticas, no abandones tu sanación. La sabiduría que necesitas para afrontar las vicisitudes de la vida surgirá del manantial de tu crecimiento. Si te mantienes firme en el viaje de la sanación, seguirás por el buen camino. Si te levantas a ti mismo y abordas la confusión de tu mente, elevarás al resto de la humanidad. Confía en el simple hecho de que, si tu mente se vuelve menos tensa, estarás disminuyendo la cantidad de daño que puede entrar en el mundo a través de ti. A medida que aumentes tu paz, abonarás a la suma total de la paz en el mundo.

Si te conviertes en un agente de sanación, te eliminarás como un punto potencial de daño en la red interconectada de la humanidad, y esto no es poca cosa. De hecho, es una de las mejores cosas que puedes hacer por todos nosotros. Eliminar tu propio potencial de causar daño llenando tu mente de amor y aprendiendo a existir con suavidad en nuestro mundo es una acción profundamente meritoria. Vivir con el firme compromiso de no causar daño a otras personas traerá una abundante estabilidad a tu mente.

Tómate en serio tu sanación y podrás imaginar un mundo mejor. Cuando sientas ese nuevo amor por el mundo, permítete soñar a lo grande y actúa en consecuencia. Sin duda, no es el momento de apostar poquito: ese tiempo se terminó. Necesitamos respuestas valientes para los problemas que nuestra ignorancia colectiva ha creado. La humanidad se encuentra en una encrucijada, en la que podemos continuar con el pensamiento miope y la división o podemos sembrar semillas de unidad y empezar a ver nuestros destinos profundamente entrelazados. Sabemos que somos capaces de grandes cosas, ya que hemos construido un mundo de maravillas, pero ahora debemos llevar la compasión a los cimientos de nuestra sociedad para que todos puedan acceder a los frutos de nuestro genio individual y colectivo.

Valor

Habrá muchos que duden que nuevas grandes cosas son posibles. Algunos incluso dudarán de que el cambio interior sea posible, y sin duda habrá quienes piensen que mejorar el mundo no es realista. Algunas personas se aferrarán a sus límites y dejarán que su dolor pasado no reconocido domine su idea de cómo puede ser el futuro.

Ante esta duda, confía de verdad en que lo que no es realista es mantener todo igual. Nuestra tarea como generación sanadora es seguir ampliando el acceso a nuestra naturaleza humana y no permitir que la negatividad de quienes están llenos de dudas detenga nuestro florecimiento. Tendremos que estar bien decididos, proclamando en nuestro interior que, pase lo que pase, avanzamos en la dirección de sanarnos a nosotros mismos y de hacer nuestra parte para ayudar a sanar al mundo, aunque algunas personas quieran interponerse en nuestro camino. Este es un tren que se dirige hacia un futuro mejor. La gente puede unirse a nosotros si lo desea; si no, simplemente continuaremos nuestro trabajo con métodos sanos.

En este momento, gran parte de la humanidad está decidiendo que es hora de crecer. Tenemos que asumir la responsabilidad del diseño desigual e insostenible de la sociedad que hemos creado consciente e inconscientemente. No todo es culpa nuestra; hemos heredado este mundo y gran parte de la estructura de generaciones pasadas. Pero al igual que nuestro dolor mental no es todo culpa nuestra, sí es nuestra responsabilidad aceptarlo y sanarlo. A decir verdad, no tenemos otra opción que aceptar este reto. *Todos los que están sanando sus viejos traumas y aprendiendo a vivir más allá del pasado son parte de la solución.* No podemos esperar la perfección de nadie, pero el compromiso con nuestro trabajo interior hablará por sí mismo. De él surgirá una persona nueva, más madura emocionalmente y abierta a su propia evolución, un ser humano que mantiene un círculo más amplio de compasión por sí mismo y por el mundo. Los que ya no estén controlados por sus reacciones ciegas serán héroes.

Es importante un enfoque amoroso

Cuando hay tanto desequilibrio y muchos sufren, es fácil que nuestra mente quede atrapada en un ciclo de aversión. Podemos empezar a pensar que la única manera de arreglar las cosas es provocar una cantidad estratégica de daño a quienes identificamos como nuestros enemigos, pero la violencia no puede terminar con el daño. Si confiamos en la violencia, solo crearemos más personas heridas que luego buscarán más violencia como forma de retribución. Esta es una trampa en la que la humanidad ha caído innumerables veces. Nuestras principales herramientas para salir del atolladero de la violencia histórica son el amor, el perdón y la comprensión. Tenemos que aceptar plenamente la verdad de que más violencia no arreglará nada. Esta desestabiliza nuestras mentes y nos hace mirar siempre por encima del hombro con el temor de que alguien pueda venir por nosotros de la misma manera que nosotros fuimos tras ellos.

•

en este mundo
el odio nunca ha disipado al odio.
solo el amor disipa al odio.
esta es la ley,
antigua y eterna.

Extracto del *Dhammapada*

Si queremos construir un mundo mejor, hay que hacerlo a través del amor. El amor es el material de construcción más fuerte del universo, y el amor incondicional no ve a nadie como enemigo. La gente teme el amor porque cree que significa que hay que dejar que el otro te haga daño. Esto no podría estar más alejado de la verdad. El amor es hábil; nos ayuda a protegernos a nosotros mismos y nos ayuda a proteger a los demás. Es verdad, no siempre nos llevaremos bien y habrá momentos en los que tendremos que reorganizarnos para asegurarnos de que todas las personas tengan acceso a la alimentación humana, pero esto no es algo que haya que temer. Cada nueva generación tendrá que hacer sus propios cambios para seguir mejorando la dignidad humana y nuestra calidad de vida colectiva. El amor es abierto y acepta el cambio. Tiene la cualidad de la flexibilidad para que todos puedan disfrutar de sus frutos. No pretendemos construir una utopía que sea siempre perfecta, eso no es posible. Tan solo nos esforzamos por crear un mundo en el que cada vez haya menos personas que sufran. El propósito del amor es recordarnos que la humanidad es una familia.

El amor cultiva cualidades esenciales en los individuos que debemos intentar aplicar en las estructuras de nuestra sociedad. El amor da poder; apoya la libertad, y nos anima a buscar la comprensión de los demás. El amor no apoya las jerarquías; trata a todas las personas como dignos iguales y busca nutrir. El amor no busca dañar; siempre pretende elevarse por encima de la división y el miedo.

Tenemos dos grandes objetivos ante nosotros. Uno es comenzar el viaje de sanación como individuos y el segundo es reunirnos en grupos para ayudar a diseñar un mundo mejor que refleje las cualidades del amor. Empezar el viaje de sanación es la parte más difícil, pero continuarlo es algo menos arduo porque vemos que la inversión en nuestro crecimiento produce resultados claros. Si seguimos por este camino, nuestra vida se beneficiará aún más del desarrollo de la armonía interior. El segundo objetivo es formidable porque no hay un camino claro para construir un mundo mejor. Nuestra misión de disminuir el sufrimiento global es clara, pero la forma de llegar a ella debe navegarse a través de un movimiento voluntario de personas que compartan la misma visión y los mismos valores, personas que comprendan la incuestionable conexión entre la sanación del individuo y la sanación del mundo. En última instancia, el futuro lo diseñarán aquellos que sean lo bastante audaces como para empezar a modelar el mundo en el que queremos vivir sin esperar a que nos den permiso.

Aunque no hay una única ruta para construir un mundo mejor, aquí hay algunas luces que nos ayudan a ver el camino:

Escuchar desinteresadamente a los demás. Todo el mundo tiene una perspectiva. Debemos ser conscientes de ponernos en el lugar de los demás.

Apegarnos a nuestros valores. Si lo que hacemos nos aleja del empoderamiento, del amor y del objetivo de disminuir el daño, entonces vamos en la dirección equivocada. Mantenernos firmes en nuestros valores también nos ayudará a evitar la confusión cuando las cosas se pongan difíciles. Cuando nos comprometemos profundamente con estos valores, nuestra intuición nos ayuda a mantener el rumbo.

Honrar nuestra perspectiva y nuestras ideas sin apegarnos eternamente a ellas. Hay que dejar espacio para los matices y tener la humildad de dejarnos convencer por ideas mejores. La humildad nos ayudará a combatir el afán de control del ego. Con frecuencia, el ego intenta convencernos de que nuestro punto de vista es mucho mejor que el de los demás. Cuando la mente se siente superior, significa que el ego está ganando. Cuando la mente habita en la humildad, significa que está abierta a la expansión positiva. A medida que avanzamos en la construcción del futuro, todo será situacional, pero nuestra intuición y nuestros valores nos harán saber si estamos haciendo nuestra parte para ayudarnos a nosotros mismos y al mundo.

No debemos permitirnos deshumanizar a los demás. Con frecuencia, en la historia, antes de que se causara un gran daño a un grupo de personas —o mientras sucedía— se creaban campañas para deshumanizar al grupo oprimido, de modo que la gente pudiera justificar cualquier injuria cometida. Este es un patrón en la historia de la humanidad que no debemos repetir. El ego cae fácilmente en esta trampa de ver a algunas personas como menos que otras, sin importar lo triviales que sean las diferencias entre nosotros. Mantenernos firmes en nuestras prácticas de sanación evitará que caigamos en esta insidiosa y furtiva trampa del ego.

Ampliar nuestro sentido de identidad y permitir que sea flexible, que se extienda a todo el mundo para que podamos vernos como partes integrantes de la familia humana, nos ayudará a salir de la división. Debemos seguir honrando a nuestras familias, nuestras historias, nuestras nacionalidades y todos los aspectos que consideramos cruciales para nuestra identidad. Pero a eso hay que añadir que somos seres humanos. Lo sabemos a un nivel pasivo, pero no es algo que vivamos plenamente. Reconocer que las personas de todas las naciones son nuestros hermanos nos ayudará a ser más pacientes con los demás cuando los tiempos sean difíciles y nos ayudará a no llegar a extremos perjudiciales. No necesitamos borrar nuestras identidades para vernos como un todo, pero sí debemos de trabajar juntos de forma sincronizada. Si dejamos que la cooperación, y no la competencia, sea nuestra guía podremos rediseñar la sociedad para que sea más circular y descentralizada. De este modo, más personas podrán compartir los recursos y la toma de decisiones.

Le tenemos miedo al cambio porque nos apegamos fácilmente a lo que conocemos, aunque ese conocimiento sea duro y nos llene de insatisfacción. De forma engañosa, las cosas que conocemos nos reconfortan, aunque las detestemos. El miedo a lo desconocido impida que ocurran grandes cosas. Incluso si existe una posibilidad real de mejora, el miedo puede convertirse en un bloqueo que impida cualquier movimiento hacia delante. Es cierto que en cada acción hay riesgos, siempre los hay. Nunca hay un cien por ciento de certeza, pero ¿de verdad vivimos si dejamos que el miedo constriña nuestras ideas y acciones? Pregúntate: ¿vale la pena mantener las ideas que tienes en tu mente si no te conducen a una verdadera felicidad? Si tu visión del mundo te llena de tensión, es hora de adoptar una postura más esperanzadora y abierta a que ocurran cosas buenas.

La humanidad y el mundo claman por un cambio. Un cambio desde dentro y desde fuera. ¿No es hora de hacer algo nuevo? Quienes lo hemos vivido sabemos lo que es tocar fondo, pero no tenemos la opción de esperar a que el mundo y la humanidad toquen un fondo colectivo, eso sería un cataclismo. En cambio, debemos asumir la responsabilidad de la situación actual y liderar con nuestra creciente madurez.

Al final hay que recordar que nos necesitamos unos a otros para prosperar. Debemos actuar juntos con cohesión y con una mentalidad solidaria.

Conclusión

La sanación personal es posible, y creo que construir un mundo estructuralmente compasivo también lo es. Ambas cosas tienen una conexión inquebrantable y todo empieza por ti. A medida que aligeras tu mente, el mundo se vuelve más ligero. Así pues, encuentra la técnica de sanación que te funcione, aférrate a ella, profundiza, dedícale tiempo, suelta una y otra vez, sé constante y no te preocupes si los demás no entienden lo que estás haciendo. Si tu mente se vuelve menos tensa y la intensidad de tus reacciones disminuye, entonces vas en la dirección correcta. Tu camino no será como el de los demás. Recuérdalo siempre que dudes de ti mismo, y sigue caminando con valentía en la dirección que aumente tu paz.

Dirige con amabilidad tus pasos por el mundo. Solo tú conoces realmente tu propia historia; la de los demás, en especial la de los extraños con los que te cruzas temporalmente, será un misterio. Haz el trabajo superior de tratarlos con amabilidad. La amabilidad tiene a menudo una cualidad que dulcifica hasta a las personas que actúan con rudeza. Puedes caminar por nuestro mundo con amabilidad, sin dejar que la gente te pase por encima o te haga daño. La amabilidad significa liderar con amor. Te sorprenderá cómo estas pequeñas y sanas acciones de regalar tu gentileza a los demás apoyarán tu sanación y tu paz interior. Si tratas bien a la gente, a tu mente le será más fácil estar tranquila porque llevarás muy poco remordimiento o arrepentimiento. No es posible tener paz interior y ser intencionadamente dañino con otras personas. Si queremos traer la armonía a nuestras vidas, tenemos que sembrar intencionadamente la armonía en las interacciones de las que formamos parte. Ayuda en lo que puedas, pero no te excedas. Encuentra el movimiento o el problema que más te interesa y dedícale parte de tu atención. A menudo esto se traduce en donar, defender, dar tu tiempo a una organización, expresar tus creencias, crear una nueva solución o marchar. Hay muchas maneras de ayudar; solo tienes que encontrar el modo de hacer tu parte sin agobiarte. Puedes formar parte del cambio sin llegar a la extenuación.

Uno de los mayores cambios internos que repercutirá en el entorno externo es simplemente saber que las cosas pueden ser mejores. Si nos centramos en un conjunto de valores, como la importancia de la autosanación, la generosidad, la bondad, el amor propio, la igualdad y la acción compasiva, estos valores funcionarán como un faro que nos guíe mientras hacemos todo lo posible por traer más armonía al mundo. Creer de todo corazón que la compasión es posible a gran escala animará a más personas a compartir esta misión. Con el tiempo, esto provocará cambios en la composición de la sociedad. Tenemos que creerlo antes de poder construirlo. No hay una sola manera de ser un agente de cambio. Todos tenemos capacidades muy diferentes. La forma en que te manifiestes por la construcción de un futuro mejor será única para ti. No hay que competir para ver quién se preocupa más por el mundo o quién hace el trabajo más impactante. Nuestra energía debe dirigirse a apoyarnos mutuamente en este proceso de sanación global.

No dejes que los altibajos te impidan ser testigo de la belleza de la vida y participar de su alegría. Los años que siguen serán importantes para tu vida personal y para el mundo. Nada de este viaje en el que te has embarcado ha sido fácil. La sanación es el reino de los héroes y cada situación difícil en la que nos adentramos no terminará necesariamente con una victoria. Habrá contratiempos, lágrimas y angustia, pero también habrá revelaciones que cambiarán la vida, una nueva libertad y una tremenda evolución. Tú y el mundo están destinados a cambiar. Establece tu intención para asegurarte de que la trayectoria se dirige hacia una mayor armonía. *Céntrate en tu sanación y todo lo demás fluirá desde ahí.* La luz que descubras en tu interior te mostrará lo que es importante y hacia dónde tienes que ir. Ten fe en tu capacidad para transformarte y en el potencial de la familia humana. Sabemos que podemos cambiar el mundo, no solo porque podemos cambiarnos a nosotros mismos, sino porque el cambio es lo único que existe. Tu sanación creará una apertura hacia un futuro mejor. Personas libres que vivan en la benignidad de una sociedad solidaria: una vez que lleguemos allí, la humanidad ya no será joven; por fin habremos madurado.

●
—

me comprometo con el viaje interior
y pretendo contribuir con mis hilos al tejido
de la red de la humanidad

lleno de conciencia
lleno de compasión

con la práctica constante
soltaré con paciencia
la tensión y la carga que llevo

sabiendo que cuanto más suelte
menos daño habrá

sentir la ligereza y el gozo
compartir mi armonía con todos los que encuentre

Reflexiones

- ¿Cómo vas a seguir haciendo de tu sanación una prioridad absoluta? ¿Estás comprometido con el largo viaje de sanar tu mente para que puedas vivir tu mejor vida y ser un activo para el cambio positivo que nuestro mundo necesita?

- ¿Qué aspecto tiene tu comunidad hoy en día? ¿Hay espacio dentro de tu círculo de amigos para apoyarse mutuamente en su sanación personal? ¿Se inspiran los unos a los otros para llegar a ser la mejor versión de ustedes mismos?

- ¿Cómo vas a contribuir a la construcción de un mundo mejor sin agotarte ni desequilibrarte? ¿Has encontrado el camino del medio en el que puedes ayudar a los demás sin perjudicarte a ti mismo?

- ¿Reconoces cuánto poder tienes realmente? ¿Todavía te queda camino por recorrer para reivindicar tu poder?

- ¿Qué tan diferente eres ahora de cuando comenzó tu viaje de sanación? ¿Te has tomado el tiempo necesario para apreciar de verdad lo lejos que has llegado? ¿Hay espacio en tu vida para celebrar las victorias interiores?

a todos les envío mi amor

ligereza de Yung Pueblo
se terminó de imprimir en enero de 2023
en los talleres de
Impresora Tauro, S.A. de C.V.
Av. Año de Juárez 343, col. Granjas San Antonio,
Ciudad de México